傳承

Inherit

非物質文化遺產

在當代的故事

中國中央電視台 編

圖書編委會

傳承，是一種偉大的力量

● 李欣雁

偉大的時代是創作者最好的靈感來源。中國共產黨第十八次代表大會以來，中共中央總書記習近平多次強調文化自信的重要性。二〇一六年七月一日，習近平總書記在慶祝中國共產黨成立九十五週年大會上再一次強調「不忘初心」「文化自信」。中國的自信，本質上是文化自信。讓我們充滿自信的文化就是古往今來一脈相承的中華文化。

文化自信離不開中華優秀傳統文化這一源頭活水，也離不開當今世界的一種共同的力量，它叫做「傳承」。傳承是一種偉大的力量。正因為我們千年不息的傳承，在世界幾大古代文明中，中華文明成為沒有中斷、延續發展至今的人類文明。回望五千多年的歷史，我們祖先的智慧依然沿用至今，形成了今天絢麗多彩的中華文化。

傳統從來不是無源之水，更不是一潭死水，傳統的價值在於不斷傳承的鮮活與澎湃的創造力。因為代代不息的文化傳承，傳統與中國人當下的生活息息相關。在衣食住行和生活百態的點滴細節之中，無不融匯着我們祖先最古老的智慧。因此，發現傳承的力量，需要從當下着手，發現身邊的精彩故事。

習近平總書記指出：「中華優秀傳統文化是中華民族的突出優勢，是我們最深厚的文化軟實力。」「提高國家文化軟實力，要努力展示中華文化獨特魅力。讓收藏在禁宮裏的文物、陳列在廣闊大地上的遺產、書

寫在古籍裏的文字都活起來。」傳播中華優秀傳統文化是中央電視台必須擔當的政治責任、歷史責任和社會責任。中文國際頻道一直把傳播中華優秀傳統文化作為主流媒體的自我擔當。長年來始終堅守「新聞＋文化」的定位和「傳承中華文明、服務全球華人」的宗旨，強化外宣特色，提升文化品位，形成鮮明的風格，取得良好的社會效益和收視效果。因此，做好「傳承」這個題目，我們責無旁貸。

傳承的根本動力在於人。非物質文化遺產傳承人智慧超群、才華在身、技藝高超，他們是非物質文化遺產的載體。黃土地上燦爛的文明集萃般地表現在他們身上，並靠他們代代相傳。有的一傳數百年，有的衍續上千年。這些文化傳承人的人生追求、思想境界和生活情趣，集中體現了社會主義核心價值觀的風采。中華傳統文化在海峽兩岸的傳承，也展示了兩岸人民的同宗同源、文化血脈緊密相連。

七集大型人文紀錄片《傳承》（第一季）定位於講中國好故事，講好中國故事，以此展現中華民族的優秀文化遺產，傳播當代中國文化創新成果。二〇一五年十一月開始《傳承》（第一季）在央視三個頻道的熱播，引發了新一輪傳統文化熱，也讓人們對第二季格外多了幾分期待。

民族復興的夢想，離不開文化的復興。我們希望這只是一次開始，只是一次出發，我們將通過各種傳播形式，致力於打造一個新的傳統文化熱潮，促進傳統融入生活，讓中華民族的祖先智慧永放光芒。

限於電視節目篇幅，許多精彩的文化閃光點和人物故事在紀錄片《傳承》（第一季）中無法得以全面展示，《傳承》圖書的出版適當填補了知識和故事的空白，讓人們對傳承人背後厚重的文化和精彩的故事有了更多、更全面的理解。

　　無限精彩的故事，無限精深的傳統文化，從本書中的影像與文字出發，等待着您去發現、品味，並且融入其中。

（作者係中國中央電視台中文國際頻道總監）

致敬傳統文化　講好中國故事

● **賀亞莉**

　　大型人文紀錄片《傳承》（第一季）從二〇一五年十一月九日開始在中國中央電視台中文國際頻道播出，這是圍繞優秀傳統文化開展主題宣傳的又一個大動作、大手筆。《傳承》播出之後引發社會各界的積極反響和熱烈好評。在微博、微信等各類媒體平台上，圍繞中國傳統文化、傳統技藝以及傳承等問題掀起了討論熱潮。《傳承》以獨特有序的策劃，讓觀眾和讀者近距離地了解了中華傳統文化與技藝，以小切口呈現大時代主題、小視角展現國家大變化，來弘揚中華傳統文化和社會主義核心價值觀，有人，有事，有思想，是一部充滿正能量的紀錄片，同名圖書更是一本值得細細品讀的優秀文化讀本。

　　深植千年傳統，立足家國情懷，打造人文精品。

　　《傳承》創作團隊懷着向祖宗智慧致敬的初衷，實踐了一次直面傳統文化的巡禮，用精彩音像揭示了千百年來中華民族內蘊無窮的生存、生產、生活智慧。紀錄片作為二〇一四年度中央電視台重點選題，策劃、調研、拍攝、製作，前後歷時兩年。創作團隊輾轉大陸和台灣，上高山、下大海、踏沙漠、進森林、走鄉村、行城市，放眼全中國，足跡遍及海峽兩岸的七十多個現場，在萬里行走的基礎上，調研拍攝了八十多位國家級、省級、市級、縣級傳承人，有些堪稱搶救性的記錄，片中最後呈現了五十位傳承人的精彩技藝和人生故事。然而這些古老的技藝飽

含深刻的文化內涵，在紀錄片中無法全面地得到呈現，因此在《傳承》圖書中，更深刻、多角度地講述了這些非物質文化遺產項目中的人文故事和傳承精神。通過對技藝的歷史背景、文化特點以及人物的人格精神的記錄，把傳承人身上所體現的中國智慧和傳承精神，非常生動地呈現給讀者。

講好傳承故事，宣揚大國風采，凸顯傳統神韻。

傳承人是中華非物質文化遺產的載體，他們鮮活地存在於我們生活之中，至今仍有強大的生命力。他們積極的人生追求、高尚的思想境界和健康的生活情趣，集中展現着當代中國人的風采。從傳承的視角切入，講好傳承人的故事，觀眾就能從中感悟到一個精彩的中國。《傳承》用最具中國特色的視覺元素作為紀錄片結構體系，分為《道》《金》《木》《水》《火》《土》《和》七集，以「道」「和」作為開篇、結尾，中間五集則以中國傳統文化的核心「五行學說」為主線，取其表意，展示的內容以大陸的傳承項目為主，也選入了一些台灣的傳承人。北京大學藝術學院俞虹教授認為，這部紀錄片用了最好的世界語言來傳遞中華傳統文化的內容。圖書根據紀錄片的七部分內容，深入挖掘傳統技藝背後的文化內涵和人文故事，堅守而不保守，傳承也在創新，體現出傳承人對各種絕技、技藝的一種值得珍視的態度，同時深度發掘和整體展示中國傳統文化中的多種元素。

秉持國際視野，凝聚文化認同，打造外宣名片。

紀錄片《傳承》通過首次對台灣傳承人的大篇幅影像記錄，展現中華優秀傳統文化在兩岸的一脈相承、同宗同源。紀錄片的鏡頭始終對着傳承人，從他們身上找到中華民族的影子，找到中華民族的精神。希望

用兩岸割不斷的血脈文化，增進台灣同胞對中華民族的認同感。有觀眾留言說：「《傳承》片子裏貫穿着一條深深的內在線 —— 中國情懷，人物都在這條線上煥發了生命力」。

同時，該片在製作過程中，特別強調視聽語言的國際化，力圖用最具感染力的影像、最獨特的微觀視角，講述具有世界意義的人性故事，達成最具震撼的觀影效果，引發觀眾深深的思考和文化認同。

文化千年不息，寶藏剛剛開啟，《傳承》腳步繼續。

國家文化部從二〇〇七年以來，先後四批確立了國家級非物質文化遺產傳承人近兩千名，省市縣各級傳承人更是數以萬計。他們是中國優秀傳統文化的實踐者，他們都絕技在身、人生繽紛，對電視人來說，他們是一座寶藏。《傳承》（第一季）所呈現的傳承人和他們的技藝及故事，只是滄海一粟。《傳承》創作團隊希望以一次次虔誠的出發，一次次飽滿的視聽呈現，向傳承人以及他們所代表的祖宗智慧致敬，發掘他們代表的文化基因，引領觀眾濃情審視當下，深情回望歷史，更留下啟迪未來的想象空間，從而展現中華民族偉大的優秀文化遺產，弘揚傳承人富有永恆魅力、具有當代價值的文化精神，傳播當代中國文化創新成果。

（作者係中國中央電視台中文國際頻道製片人、紀錄片《傳承》總導演）

目　錄

第❺章　火○文明與智慧的象徵

第❻章　土○生存資源的饋贈

第❼章　和○和諧共處的準則

品讀有感 ○

第 1 章

師法自然的技藝

人類向大自然索取，也向大自然學習。千百年來，中國人一直在探索人與自然、人與社會、人與人相處的規律、法則和秩序。面對充滿挑戰和機遇的萬千世界，我們的祖先利用自然材料，遵從自然法則，發明了很多傳承千年的奇妙技藝。無數平凡而樸素的傳承人，從師學徒，勤奮勞作，口傳心授，代代相傳，不斷探索着人與人、人與自然和諧相處的生存智慧。這些智慧，在中國，有個共同的名字：道。

中國人說「道不遠人」，道有許多承載形態，無論是指向身體與心靈的少林武術、傻人神鼓，還是木拱廊橋、徽州羅盤，我們的先人把生存、生產、生活中的各種經驗，用各種工具作為載體，傳世至今。

老子的《道德經》有言：道可道，非常道。中國上下五千年的文明史，就是中國人尋找道的歷史。循着獨特之「道」，他們奉獻出來的，是世界一流、特色顯著、同時閃爍着東方光彩的多樣技藝和多彩生活。

表裏如一，合攏虔心
—— 少林功夫

● **地點**：河　南
● **技藝**：國家級非物質文化遺產代表性項目　少林功夫
● **人物**：釋延岑

「天下武功出少林」，這是許多了解武俠世界的人非常熟悉的一句話。對許多人來說，武術和少林寺這兩個詞常常是聯繫在一起的。許多人還記得二十世紀八十年代初，李連傑主演的《少林寺》風靡全國的情景。

武術是我國民族傳統體育的精華，是傳統文化的重要組成部分。少林功夫則是中國傳統武術文化的傑出代表和象徵，二〇〇六年列入國家級非物質文化遺產代表性項目。

千年古剎少林寺位於河南省登封市嵩山五乳峰下，因坐落於嵩山腹地少室山茂密叢林之中，得名「少林寺」。北魏孝文帝太和十九年（四九五年），孝文帝為了安置他所敬仰的印度高僧跋陀尊者在這裏率先

建設寺院，據《魏書》記載：「又有西域沙門名跋陀，有道業，深為高祖所敬信。詔於少室山陰立少林寺而居之，公給衣供。」到了唐代初期，少林寺十三位僧人因助秦王李世民討伐王世充有功，受到朝廷封賞，而被特別認可設立常備僧兵，由此成就了少林武術的發展。這一段歷史後來成為諸多文學藝術門類的重要主題。

少林寺從山門到千佛殿，共七進院落，總面積約五萬七千六百平方米。主要包括常住院、塔林和初祖庵等，常住院的建築沿中軸線自南向北，依次是山門、天王殿、大雄寶殿、藏經閣（法堂）、方丈院、立雪亭、千佛殿。此外，寺西有塔林，北有初祖庵、達摩洞、甘露台，西南有二祖庵，東北有廣慧庵，寺周還有同光禪師塔、法如禪師塔和法華禪師塔等古塔十餘座，整個構成了宏大的寺院建築體系。

武術產生於原始社會的狩獵活動，從技擊、傷人為目的，漸漸發展為人們修身修德的手段。少林功夫，在嵩山少林寺這一特定佛教文化環境中不斷創造、傳承，發展為一整套獨特武術形態，武功套路高達七百種以上，包含少林七十二絕技、少林拳術、少林派棍術、少林派槍術、少林派刀術、少林派劍術，又因以禪入武，習武修禪，故有「武術禪」之稱。少林功夫以佛教神力信仰為基礎，充分體現了佛教禪宗智慧。

少林寺武僧團的教練釋延岑，從二〇〇〇年來到少林寺學習少林文化，至今已近二十年。少林功夫不僅僅是一門技藝，它是中國古老的佛教文化和武術文化的有機結合，在一千五百多年漫長的發展過程中，由最初的強身健體、護院弘法為目的，逐步建立起完整的禪宗理念體系。當年中國佛教協會會長趙樸初探訪少林寺時曾留下墨寶「天下數第一，是禪不是拳」。少林功夫以武術技藝和套路為表現形式，講究的是以佛

教信仰和禪宗智慧為文化內涵，也就是通常人們所說的「禪武合一」。

這天一早，釋延岑發現有弟子被打傷，便迅速召集眾弟子集合，調查事件原委。

「昨天晚上是誰在西方聖人殿偷偷練功？還出手傷了人，是誰？站出來。」

「最近沒坐禪吧？心中生魔了？」

一番訓話後，小師傅釋延傑主動將事情原委告訴了師傅釋延岑。一天前，釋延傑偷偷溜進寺院，正好目睹比武打傷事情發生的全過程。

少林寺裏的師徒關係是嚴格按照傳統的宗法門頭制度進行的，類似於中國古代家庭的組織結構，按照血統區別親疏，具有極強的凝聚力。現代年輕人通常熱衷於少林功夫動作套路的技術表現，容易造成少林功夫內在品質的邊緣化，且經常被簡化為方便易學的「少林拳」。

初入少林寺學武的和尚，往往都偏愛五行拳，這些模仿龍、蛇、虎、豹、鶴的拳法，招式好看，易學易練。每天晚課結束，總有武僧偷偷溜進寺院練功。而真正少林功夫博大精深的文化內涵，需要潛心領悟和修行。

武是形體外在的表現，禪其實是靜慮靜坐，一種思維。起心動念很重要，形體的表現其實都由心而發。剛入少林的年輕師兄弟們，經常喜歡教授切磋，有時候會出手特別狠，練到最後，心中會漸漸升起魔性。

西方聖人殿供奉着達摩祖師的壁畫，時刻提醒着僧人，少林功夫幾百個武術套路，七十二種絕技，習武只是手段，修禪悟道才是目的。

少林武僧習武僅為修身養性，「八打、八不打」的口訣明確規定人體的攻擊禁區：

「一打眉頭雙眼，不打太陽為首；

二打唇上人中，不打正中咽喉；

三打穿腮耳門，不打中心兩壁；

四打背後骨縫，不打兩肋太極；

五打肋內肺腑，不打海底撩陰；

六打撩陰高骨，不打兩腎對心；

七打鶴膝虎骨，不打尾閭風府；

八打破骨千金，不打兩耳扇風；

不應死守戒規，但應牢記在心。

遇敵制敵為先，故盡不傷其命。」

少林寺重德，強調藝無德不立，要求弟子具有高尚的武德。習武就是求道，追求拳與道合，藝與心合，最後達到拳道合一，拳心合一，這是武德的最高境界。「八打、八不打」是在仁愛的原則下，對具體技擊技術的使用加以限制，強調適可而止。即便是演練武術套路，也要大義服人，先禮後兵，有勁而不粗野。少林武藝追求的是純熟而不懸浮，感情飽滿而含蓄內向。

達摩祖師以武修禪的祖訓，不僅表現在少林功夫徒手技擊的一招一式裏，也體現在兵器的運用上。少林達摩杖，屬少林傳統武術器械，熔棍法、鈎法、劍法、刀法於一爐，技法獨特。整套杖法，共分八合，每合六勢，共四十八勢。簡單易學，攻防有術，閃展騰挪，靈活多變。

少林達摩杖一般採用木製，並以較硬木質為主，使用檀木較好。有些在杖尖及鈎尖上安有鐵或銅等金屬，以增強殺傷力。套路輕靈敏捷，

方向變化突然，因此杖不宜過於沉重。杖身一般根據演練者身材的高矮，以自身握拳長度十二把為基準，微高於腰即可。在行家看來，達摩杖雖然很短，但是一寸短能防一面牆，關鍵看如何運用。

少林功夫，在佛教文化空間裏，由僧人來傳承，以禪的境界為最高追求。日月滄桑，歷經一千五百年風雨，至今仍能屹立於世界民族文化之林。它的價值並沒喪失，在現代社會仍然可以很好地適應。

練習功夫也好，學習佛法也罷，關鍵要做到表裏如一。僧人的合十，就是合攏那顆亂雜的心。千年古訓「八打、八不打」是達摩祖師立下的習武規矩，而在天地萬物之間，這樣的規矩還有很多。

少林寺武僧團教練釋延岑

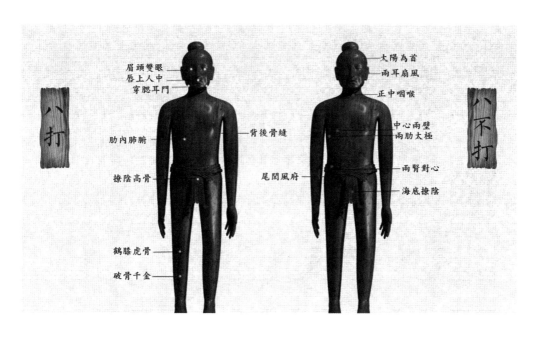

眉頭雙眼
唇上人中
穿腮耳門

肋內肺腑

撩陰高骨

鶴膝虎骨

破骨千金

背後骨縫

尾閭風府

八打

太陽為首
兩耳扇風

正中咽喉

中心兩壁
兩肋太極

兩腎對心

海底撩陰

八不打

「八打、八不打」圖示

釋延岑在寺院中召集弟子集合

道藝結合，以藝修禪
—— 優人神鼓

● **地點**：台　灣
● **技藝**：台灣優人神鼓
● **人物**：黃志群　劉若瑀

　　台北老泉山，有一群人名叫「優人神鼓」，他們用擊鼓的技藝，在尋找一條道藝結合、以藝修禪之道。

　　優，在中國傳統戲曲中是指表演者；神，是人在高度專注下，進入的一種寧靜、無我的狀態。優人神鼓，將東方傳統武術、太極導引、西方戲劇技藝和擊鼓融會貫通，就是像古老的表演者，在自己的寧靜中擊鼓。優人神鼓，以綿延不絕的敲擊詩篇，走出了一條「道藝結合，以藝修禪」的道路。

　　優人神鼓的創辦者劉若瑀出生在台灣新竹眷村，三十多年前在台灣蘭陵劇坊擔任《荷珠新配》的女主角，成為台北劇場備受矚目的超新星。

後來劉若瑀去美國深造，師從波蘭劇場大師葛托夫斯基，在山野中接受為期一整年挑戰人體極限的訓練。在長期的「身心撞擊」中，她逐漸體會到：所有的苦和累都融入到一種非常寧靜的力量裏面，身體力行的過程中，內心會產生一種「悟」，在生命當中不斷成長。

回想當年，葛托夫斯基說她是個西化的中國人的時候，她一下子意識到必須從原來的母體文化裏面尋找到一種力量，就像跟師父傳承手藝的這樣一種力量，這一刻成為她人生中的一個重要轉折點。「西方人都知道，有某種人類的力量在東方，那我為什麼不回家呢？」考慮到這一點，劉若瑀決心從美國回到台灣，尋找古老的東西。

劉若瑀花了近三年時間去了解台灣的燒王船、歌仔戲和獅鼓等傳統藝術，逐漸感知到自身生命與台灣土地的血脈相連。一九八八年，劉若瑀在木柵老泉裏山上創立優表演藝術劇團，師承葛氏在山林中訓練的方法，注重表演者的訓練與身體能量的開發。

「葛托夫斯基常對我們說，一個好的表演者，像一個獵人，像祭司，像戰士。處於危險狀態時，你的覺知、警覺會出現，而機會也就來了。」這樣的生命狀態，劉若瑀在印度修行歸來的黃志群身上看到了。也正是在她迷茫困頓之際，尋找到渴望已久的「傳承的這種東西」。

黃志群來自馬來西亞，十二歲在精武體育會學習廣東獅鼓和中國武術，十七歲到台灣精進發展。後在印度經歷了一段雲遊修行歲月，歸來之際遇見了生命的轉折點。

一九九三年，劉若瑀邀請黃志群加入優表演藝術劇團，擔任廣東獅鼓教練，如今是優人神鼓的總監。黃志群的加入，讓優人神鼓找到了中華傳統文化的根，劉若瑀帶領團員們開始接受廣東傳統獅鼓技藝的系統

訓練。從此，劇團以「先學靜坐，再教擊鼓」為原則，奠定了劇團的訓練方式和表演形式，開啟了一系列以擊鼓為主軸的優人神鼓經典作品。也正是那幾年，在相識相知的朝夕相處中，劉若瑀成為了黃志群的妻子。這對「修行藝侶」，團裏的優人們叫她「嵐姐」，稱他「阿丹師傅」。

優人神鼓的修習是傳統的師徒傳授模式。「剛開始學的時候，一個早上四個小時，就這麼打。在東方，通常師徒傳授，在這個弟子啥事還不明白的時候呢，就先做了。」阿丹師傅說，優人們的功夫就這樣一步一步做出來了，而這樣學下來的時候，好像自己擊鼓出來的聲音，就是師傅手上原汁原味的傳承。

優人神鼓的山上劇場坐落於台北市郊區，只有一條崎嶇的石路聯通山上與山下的世界。走到路的盡頭，還得走一段山路才能達到訓練場，因此也隔離了喧囂繁雜的人世。優人們每天上山訓練八個小時，打赤腳、吃飯、靜坐、擊鼓、修習武術。多年來，在山上訓練、生活的優人們，希望未來仍能繼續留在山上 —— 老優人可以在山上種稻、種菜、打坐，年輕優人則到世界各地去表演。

「打拳、打鼓、打坐，這三件事，在我們東方來說，都是很古老的舊有的東西。只是它們三個後來被分開了。」而在優人神鼓，阿丹師傅把打拳、打鼓、打坐這三件事結合起來，成了優人們日常訓練的方式，也變成一個很獨特的表演形式。

每天在打鼓訓練之前，阿丹師傅都會帶領優人打坐三個小時來提高專注力，進入寧靜。阿丹師傅在印度修行時，一位師父告訴他：「真正的靜坐就是二十四時活在當下。」從此他懂得了打坐的真諦。

他告訴優人們也應當如此，訓練打坐的目的是不感念過去，不擔憂

未來，而是活在當下。比如，右手數十六拍一個圈，左手就是八拍為一圈，當這兩個不同拍子組合在一起的時候，人必須有一個極強的專注力。如何把人的理智中心、情感中心跟運動中心三者做一個整合，即是活在當下。阿丹師父認為，當把這種高度的專注力積聚起來用於打鼓，飽滿的能量就會傳遞給觀眾。能量越強，越能夠抓住人心，引起共鳴。

熟悉中國武術的人都知道，打拳分為外家拳和內家拳。學習外家拳，可讓優人們重新思考並找尋一種與自身相處的關係。打拳就像身體運用武器，身體成為武器的延伸，與用身體打鼓有着異曲同工之妙。內家拳，分為「引體」和「導氣」十二式。人體的九大關節透過無限的旋轉扭絞，由外而內，由淺入深，在呼吸吐納的配合下，使氣息流注全身，達到氣血通暢、身心調和的狀態，有助於優人們從自身關照拓展到與人的關係、與空間的關係。

在打坐和打拳的基礎上，先觀照自身，再運用身體與鼓棒的關係，一棒一棒扎扎實實地敲在鼓面上。敲鼓時，他們一敲就是四個小時，沒有鼓點，沒有花樣，唯有眼觀鼓心。有了幾個月功力的積累，才慢慢出現曲目訓練。

阿丹師傅深愛擊鼓。在他看來，鼓是特殊的樂器，富有情感，不僅婚喪嫁娶等重要儀式都用到鼓，鼓在宗教領域也扮演着關鍵的角色。鼓聲不僅意味着鼓舞士氣的澎湃力量，同時也有安撫人心的特殊力量。他和妻子劉若瑀曾教台灣彰化監獄的犯人打鼓，十五位十九到二十多歲的年輕人，在不到短短一年的時間中，通過打鼓釋放出身體的能量，讓他們的心性變得更加穩定。這段監獄教鼓的經歷，給阿丹師傅夫婦帶來很大的信心。

　　除了打坐、打鼓、打拳這「三打」的訓練，優人們還要進行「雲腳」訓練。雲腳，是在山林中快走的訓練方式，像踩在雲上一樣，邊走邊放鬆。每週，劉若瑀都會帶領團員到台北東北角的金瓜石地質公園做集訓。

　　劉若瑀將地質公園集訓的整個過程看作是追求一種身體張開的境界。他們在石壁上，做一些很安靜的動作，其實是一種內斂的修禪方式。伴着山林裏的豔陽、風雨、蟲鳴，團員們每天浸潤在大自然裏，跑山，修禪。他們的心思變得越來越細緻，對音樂的掌握也更敏銳。她把這個過程比作是放馬歸山，她常說的一段話就是：「野馬，牠在山林裏面是最爽的、最愉快的，所以讓牠回到山裏面，牠的那個力量就會出來。」

　　優人們用腳親炙大地，淬煉自我，便擁有了像動物一樣的有機狀態和機敏的覺知能力。英國著名戲劇導演彼得·布魯克有一句很著名的話：「我可以選取任何一個空間，稱它為舞台。一個人在別人的注視之下走過這個空間，這就構成了一幕戲劇。」任何一個空間，只有人走過的時候才是一個舞台。

　　日復一日的訓練，使十幾位團員的鼓技達到精準、密集、快速的節奏，展現如雷般直擊人心的震動。身體成為表演藝術的本質，表演成為心神合一的場域。優人神鼓，道藝結合，以藝修禪，成就了使人靈魂出竅的藝術。

●

優人神鼓的創辦者劉若瑀（左）和總監黃志群（右）

打鼓訓練前，阿丹師傅帶領優人們打坐

優人神鼓打鼓訓練中

不用釘鉚，管用千年
—— 木拱廊橋

● **地點**：福　建　浙　江
● **技藝**：國家級非物質文化遺產代表性項目　木拱橋傳統營造技藝
● **人物**：劉　妍　鄭多雄　吳復勇
　　　　張昌智　國家級非物質文化遺產木拱橋傳統營造技藝國家級代表性傳承人

　　「形似彩虹身為木，飛跨兩岸變通途」。詩句中說的內容就是中國傳統的一項造橋技術 —— 木拱橋。有記載說木拱橋起源於宋朝時期，是傳統木構橋樑中技術含量最高的一個品類，目前僅現於中國浙閩兩省交界的高山深谷之間。

　　浙閩各地對木拱橋稱法略有不同，屏南、壽寧等縣稱作「厝橋」，因橋上建廊如「厝」；周寧、政和等縣稱「蝦蛄橋」，泰順縣稱「蜈蚣橋」，則是取橋之整體外形如動物形態而稱之；慶元縣稱作「鵲巢橋」，閩北部分縣稱為「筷子橋」，則是以橋拱結構特徵命名。多重命名的方

式，也反映了這種橋在當地廣受歡迎的程度。

浙閩地區氣候多變，多雨時節水量充沛，溪河縱橫，河牀動輒三四十米，水深流急之處，過河的難度堪比登天。當地人面臨的問題是如何建造大跨度的橋樑。他們能否找到一種科學結構，在省工省料的同時，又能巧妙實現跨越河谷和承載橋面負荷的需求呢？

今天已經無法得知是哪位先人率先想出了絕妙的方法。以木樑為主要材料，不用一釘一鉚，造橋師傅只用短小的木頭，採用榫卯搭接、別壓穿插等技術經緯編織成拱，建造大跨度拱形橋樑，單拱跨度可以達到四十米以上。在長期經驗總結和創新中，木拱橋傳統營造技藝逐漸成熟興盛起來。

劉妍是北京人，一九八四年出生，於德國慕尼黑工業大學攻讀博士學位，研究方向是中國木拱橋及其建造技藝。從二〇〇九年起，在當地文化部門的支持下，每年夏天，劉妍都會從德國飛回中國，獨自在浙閩山區測橋。中國僅存的一百來座木拱橋，到拍攝《傳承》節目時劉妍已經測到第六十五座。

幾百年來，木拱橋在崇山峻嶺間屹立不倒。劉妍的目標是把測量數據形成二維的圖像，以及三維的模型，呈現給讀者與研究者。這只是着眼於文物的研究。為了更接近造橋技術的核心，她必須找到造橋匠人。

劉妍的第一站去往武夷山。武夷山餘慶橋是國寶級文物，原本是石墩多跨木拱橋，原名福星橋，俗稱南門花橋，跨崇陽溪而過。始建於元代，清光緒十五年（一八八九）朱敬熙重建，一九八二年修葺，二〇一一年遭火焚毀，二〇一四年又開始重建。

福建壽寧師傅鄭多雄六十來歲。他是傳統匠人家族的後代，也是國

家級非物質文化遺產木拱橋傳統營造技藝國家級代表性傳承人。劉妍趕到餘慶橋的時候，鄭多雄師傅帶着十二個師傅正在工地為第二個拱架加工。和祖上一樣，鄭多雄師傅造橋不用圖紙，一切設計都在心中完成。餘慶橋原橋拱為木桁架構式，粗大杉木並排組成多節骨架，從石墩上斜式起架，交錯搭置，縱橫相架，互相承托，頂排橫架為樑，外蓋風雨板防護。

鄭多雄和其他師傅們先根據杉木的大小、彎直分配木料，再用墨斗、竹筆在木料上做好記號，沿記號下鋸、下鑿。斧頭、竹筆、墨斗是加工木料的主要工具。為了能更直接地體會工匠造橋的各個步驟，劉妍加入了師傅們備料的行列。如果只是僅僅觀察師傅們的工作，那就像直接看答案，只有自己親手解一遍題，才可以面對在解題過程中出現的各種問題和各種可能。要想讓拱架的榫卯搭建得嚴絲合縫，在木料上下的每一步都要非常精準。要準備齊長短不一，功能各異的一百五十根木頭，他們需要四個月的時間。

劉妍希望能盡快看到廊橋的搭建過程，聽說浙江的匠人吳復勇正要把自家村頭的小石橋換成木拱橋，她立馬出發前往浙江慶元縣，希望親眼看看吳復勇師傅如何搭橋。

浙江慶元縣大濟村的吳復勇也是木拱橋傳統營造技藝國家級代表性傳承人，這幾年吳復勇一直在做廊橋。他是一位現代派匠人，接受現代做圖技術的影響，對結構做更為精確的設計和控制，也是今天對於四十米以上的大跨木拱橋最有經驗的師傅。

吳復勇師傅不但能造規模龐大的木拱橋，還可以製作纖毫畢現的精緻模型。孫子小吳從小看着爺爺造橋，他最常玩的民間遊戲「筷子搭橋」

就是木拱橋的雛形。劉妍到達大濟村時，正好趕上吳復勇師傅動工的那天。吳復勇要搭的橋位於他家村頭的小河上，他是這座橋的主墨師傅，帶着十幾位幫工計劃在一天之內把橋搭完。

木拱橋建造的基本原理是：首先用三組圓木組成三折邊拱，跨過河谷。木構在橫縱樑之間使用榫卯節點，易於轉動變形，富有創造力的匠人在三折邊拱中穿插交織第二道折邊拱，兩套系統穿插別壓，相互支撐，相互限制，形成穩定的整體。造橋的關鍵在於結構和稱重的平衡，連接節苗的縱向木頭稱為牛頭，一旦牛頭節點的位置計算錯誤，三節苗和五節苗編織得不夠緊，中間出現大的空隙，橋面的壓力就不能在橋內部得到充分傳遞，橋就會在重壓下歪閃甚至垮塌。

搭建木拱橋的拱架時，吳復勇不用一個釘子。他說，釘子只不過是二三十年它就腐爛掉了。榫卯若是因大小不當而需要用釘子，釘下去是絕對不允許的，一用釘子就壞了木拱橋的根。中國的木拱橋的文化內涵就在拱架裏面。人壽百年，木壽千年，不用釘鉚的木橋可以歷經千年風雨不朽。

用木頭編織成橋的智慧一代代傳承下來。廊屋最重要的信息，題寫在中間的這個棟樑上面。劉妍在一座木拱廊橋的廊屋上看到了「木匠秀坑村正繩張學昶」一行字。於是，她決定前往福建周寧縣拜訪一支最古老的造橋家族 —— 張氏家族。

福建省周寧縣秀坑村張氏建橋世家，是我國木拱橋傳統營造技藝的重要傳承世系之一，自清乾隆年間張新佑開始，至今已傳承二百六十多年。劉妍前去拜訪張氏家族現今的傳承人張昌智，他也是木拱橋傳統營造技藝國家級代表性傳承人。張昌智師傅向劉妍介紹，張學昶就是他家

族中的長輩。

張氏家族參與的造橋工程，遍佈福建寧德、南平，浙江溫州、麗水等周邊遠近各市。據不完全統計，在二百六十多年的時間裏，張氏家族新建和遷建木拱橋共達四十六座，現存十五座，其中平南千乘橋、百祥橋、壽寧仙宮橋、楊梅州橋、古田天地橋等木拱橋於二〇〇六年被列入國家級重點文物。幾百年來，正是這一批批造橋傳承人，在浙閩山區的崇山峻嶺間，用雙手創作出如此驚豔絕倫的作品。

張昌智師傅手中至今還保有祖輩歷代的幾十張造橋合約，這成為木拱橋研究最為珍貴的文獻。中國的木拱橋及其中蘊涵的技術價值與獨特的人類文化財富，如何「翻譯」成現代科學語言，如何介紹給西方世界，是身在德國從事學術研究的劉妍真正致力探討的問題。

最終到底什麼是我們中國的傳統？這是劉妍的研究所需要做的工作，也是她想要去探求的真諦。

武夷山正在重建中的餘慶橋

木拱橋

傳承人吳復勇（上）
劉妍在山區測橋（下）

傳承人吳復勇製作的木拱橋精緻模型

木拱廊橋的橫縱樑相互穿插支撐

經驗的記錄盤
—— 萬安羅盤

● **地點：**安　徽
● **技藝：**國家級非物質文化遺產代表性項目　萬安羅盤製作技藝
● **人物：**吳兆光　國家級非物質文化遺產萬安羅盤製作技藝國家級代表性傳承人

　　從司南演變而來的羅盤，在盤面上以同一圓心，記載二十四節氣、陰陽八卦、天干地支等信息，是先祖們對人類與自然和諧相處的經驗總結。羅盤有着廣泛的用途，在航海、軍事和堪輿等領域都可以看到羅盤的蹤影。

　　有着一千七百多年歷史的安徽休寧縣萬安古鎮，自古是我國以傳統手工技藝製作羅盤的地方。萬安地處黃山南麓、齊雲山之北，橫江穿行而過，是古徽州的重要商埠和水運碼頭，有着「小小休寧縣，大大萬安街」的盛譽。徽州地區的社會文化深受程朱理學的影響，形成了一系列傳統的社會風俗，對風水的追求也由此流佈於世。萬安獨特的地理、經

濟和文化條件，催生了萬安羅盤的產生和發展。休寧萬安鎮，從明清開始便成為中國著名的羅盤製造中心。歷經滄桑，如今黃山腳下的萬安鎮老街古風猶存。

吳兆光，是萬安吳魯衡羅經店第八代嫡系傳人，國家級非物質文化遺產萬安羅盤製作技藝國家級代表性傳承人。吳兆光家族從事羅盤製作已有三百年歷史。當年，家族的先人吳魯衡創立羅經店時，正值徽商鼎盛之際。崛起的徽商藉新安江水路之利，通富春江、錢塘江入海，把商業版圖擴展到了全國。徽商們到處大興土木，修祠堂，建房屋，修橋修路，他們特別重視建築與生態，與人的和諧，因此萬安羅盤才大顯身手，成為商人們手中的「香餑餑」。

吳魯衡身後，其子吳光煜繼承父業，新創「吳魯衡涵記」作為產品標識。再經第三代長子洪禮、三子洪信，傳給第四代肇瑞、肇坤，這兩代均為兄弟共同經營。到了第五代傳人吳毓賢時，他將原店遷址擴建，並於一九一五年以製作的日晷獲得了巴拿馬萬國博覽會金牌獎章，使吳魯衡開創的羅盤事業達到新的頂峰。作為吳魯衡羅經老店的第八代掌門人、萬安羅盤製作技術傳承人，吳兆光頗為自豪。二〇一四年四月吳兆光的父親吳水森因病去世之後，三十歲的吳兆光從此開始獨自擔負起傳承祖業的重擔。

萬安羅盤的製作工序極其嚴苛和細緻。製作一塊羅盤，需要通過選料、車盤、分格、清盤、寫盤、油貨、安裝磁針七道工序，前後需要一週的時間。

首道工序是選料。萬安羅盤對木料要求很高，原材料主要有兩種，一個是銀杏樹，還有一個是虎骨木。這兩種木材木質比較細膩堅韌、

不顯紋理，適合製作羅盤。吳兆光選出經過若干年晾乾後祛除雜性的木料，根據羅盤不同規格所需的直徑和厚度，將虎骨木鋸成羅盤毛坯，並將坯料表面刨平。

第二道工序是車盤。將木料毛坯用車牀車圓成形，並挖好磁針的圓孔，再用細砂紙和木賊草（一種中草藥）磨光。

隨後的工序是分格。根據不同型號、盤式的盤譜，從同一個圓心以長短各別的半徑刻畫圓周為橫格，再按照陰陽八卦、天干地支等內容刻畫直格。

第四道工序是清盤。將盤面刻畫處填描墨色，清理乾淨後用木賊草再次磨光。

接下來的工序是寫盤，也是很見功力的一道工序。製作者按照祖傳圖譜，按太極陰陽、八卦二十四爻、天干地支、二十四向至、二十四節氣、十二生肖、二十八星宿分野和三百六十五周天依次排列，用毛筆的蠅頭小楷，依各種盤式書寫分格的內容。此項工作需要嚴謹細心，字體端正無誤，光是繪製那密如蛛網的圓線和直線的分格刻線，每枚羅盤就要耗去一整天的時間。吳兆光在盤面上密密麻麻寫滿了一千多個蠅頭小字，最小的還不到一毫米，清洗娟秀，內力勁道。整個過程一旦寫錯一個字，將全盤報廢，前功盡棄。

第六道工序是油貨，又稱抹油。寫好的盤面需要上油，用獨特的工藝熬煉桐油，並要多次上油，最後經過反覆的打磨，使羅盤光潔清晰。

一個羅盤的核心是中間的天池。「吳魯衡」羅盤的第七道工序是安裝磁針，這是整個羅盤製作過程中最關鍵的工序。此道工序一般由店主親自在密室內單獨操作，傳統老店採用「傳男不傳女」的傳承規矩。

　　吳兆光製作羅盤所有的磁石是家裏祖傳的天然磁隕石，這塊磁石留存至今十分不易。清咸豐年間，太平軍攻入徽州燒殺搶掠，吳魯衡老店也未能幸免於難。吳魯衡第四代傳人吳肇瑞攜家人逃難，將祖傳的天然磁石藏於懷中，不幸遇太平軍搶掠。太平軍發現吳肇瑞懷中鼓囊，就認定此物必是稀世珍寶，便將他殺害，搶出磁石，結果卻發現並不是金銀寶石，而只是一塊看似平常的石頭，就丟在一旁。後來，家人找到磁石，並將吳肇瑞安葬。吳肇瑞的捨命護磁，使得吳魯衡的鎮店之寶 —— 天然磁隕石留存至今。

　　經過半個月的磁化，放置在磁石上的鋼針已經達到靈敏度高、永不退磁的要求。鋼針準備好之後，接下來是最核心的工藝，敲製銅件。銅件的敲製要保證其不能有一點毛邊，這樣它的運轉就比較靈活自如。敲製銅片還要非常小心，力量過大會穿孔，力量太小又會留有毛邊，用耳聽聲音的回饋，用眼看角度，用手調整力量，直至達到要求。接下來是安裝磁針。先是需要精密地測定磁針的重心，並牢固地安放在圓孔裏的支點上，而且不能使支點產生阻力，以便於指針自由轉動，最後安裝在羅盤的天池中。羅盤裝完磁針，最後封蓋圓玻璃片，一具完整的羅盤就大功告成。

　　吳魯衡製作羅盤的過程精細嚴苛，保證了羅盤的品質和實力，也讓他聲名遠揚。眼下，吳兆光不得不面對兩個難題 —— 傳承和生產。現在的年輕人很難有耐力和定力做羅盤，吳兆光曾經帶過的工人和學徒大多因為受不了其中艱苦離開了。與此同時，吳家羅盤的品牌效應催生了一些為經濟利益而批量生產羅盤的工廠，有的還打上「萬安羅盤」「吳魯衡」等字樣，這些質量低劣的羅盤讓吳兆光頗感無奈。

吳魯衡羅經老店

製作一個好羅盤,在生產效率上的限制是顯而易見的。二○○九年,徽商大會有兩個客商每人準備定製一千枚吳魯衡羅盤,考慮到時間有限,加班加點到最後也只能供應一百枚,那時有人建議吳兆光批量化生產,被他果斷拒絕了。

吳兆光肩負傳承吳魯衡羅盤製作技藝、發揚吳魯衡文化的重任,他說:「祖先創下這塊牌子不容易,到了我手裏,我一定要把它發揚光大。絕不會做出有愧先祖的事,要做真正的不開裂、不退磁的『吳魯衡』羅盤!」

傳承人吳兆光

萬安古鎮

首道工序選料

多次上油後將
盤面進行反覆
打磨

相傳的天然磁
隕石和磁針

吳兆光正在安
裝磁針

羅盤盤面

第 2 章

人間的力量與勇氣

金

　　由大地原色生長出的金屬已超越了單純的物質。經冶煉、鍛造、加工已成為一種轉化的靈感和改變的力量。正是對金屬的深度利用開啟了人類社會的現代文明。

　　在人類文明史中，曾經有黃金時代、白銀時代、青銅時代、黑鐵時代等不同的説法，之所以用金屬來標定文明的進程，是因為金屬巨大而多元的價值功能和實際功能。

　　中國是世界上冶煉金屬最早的文明形態之一，我們的祖先很早就將金屬冶煉水平提升到相當高度，為後世留下了莊重肅穆的青銅重器和其他各類器物。與此同時，中國人在金屬與人性之間也建立了密切的聯繫，冶煉、鍛造、鍛煉、鑄造 …… 一個個詞彙不僅代表着金屬工藝，更用在人身上，體現出文明對一個人道德品質和能力素養的打磨。

　　無論是鍛造金屬的鐵匠，還是海上捕魚時敲響的飛鑔，直衝雲霄的刀梯，象徵君子之德的寶劍 …… 每一個與金屬有關的技藝背後，都承載着千年不滅的行當，也連接着我們的過去與未來。

　　金，喚醒了人們的生存智慧，也記錄着我們無畏的勇氣；它重塑了人的內心，也改變了我們的精神氣質。我們改變着金屬的形態，金屬也改變了我們的世界。

古老而特別的生存方式
—— 飛鑔捕魚

● 地點：天　津
● 技藝：國家級非物質文化遺產代表性項目　漢沽飛鑔
● 人物：趙滿宗　國家級非物質文化遺產漢沽飛鑔市級代表性傳承人

　　漢沽，位於天津東郊，瀕臨渤海灣，古名「小鹽河」，如今是天津濱海新區的重要組成部分。這裏佔天時地利、物華天寶之優，自古享鹽魚之利，除熬鹽曬鹽外，還以海洋捕撈為特色，因此產生了天津海洋文化的典型藝術形態 ——「漢沽飛鑔」。

　　鑔是一種金屬響器，聲音洪亮，傳播很遠。根據資料記載，漢沽飛鑔產生於清朝光緒初年。漢沽一帶的漁民為了擴大捕撈能力，常常搭伴組船出海，他們在茫茫大海中遇見魚群時，各船紛紛敲鑔擊鼓，魚蝦聽到熱鬧的聲響便圍攏過來，漁民就能輕鬆捕獲更多。發現這個集體協作的秘密之後，漢沽漁民家家船上備有飛鑔，漁民們把敲鑔擊鼓作為漁情

通報、撒網收網及漁船進港後告知家人的信號,把這種方法叫飛鐃捕魚,也稱之為「打喜」。

民國年間,漢沽高家堡村村民經常遭到海搶子(海匪)的搶掠,進入冬月休船季節後,村民請來形意拳術大師唐維祿傳授形意拳武藝,增強自我保護的能力。形意拳文化的融入為漢沽飛鐃注入了新的文化活力,隨後,從一九三四年開始,他們開始把鐃、鐃、鈸、鼓相融匯為一體。這其中有一次獨特的機緣,漢沽高家堡村村民高振嵐、高振先、高振軒、高振奎四兄弟到遵化景忠山朝聖碧霞元君娘娘,見廟中老方丈到碧霞宮前祭祀時揮舞銅鈸,做擊打翻飛多種動作,四人隨即拜師學藝。回村後,他們將「打喜」搬上陸地,開始應用於宗教儀式或慶典活動,並與漢沽地區家喻戶曉的形意拳武術動作相融合,在不斷實踐中衍編成了獨具海洋特色的「漢沽飛鐃」。

漢沽飛鐃歷經一百多年的歷史,如今已遍及漢沽轄區大街小巷和田間地頭,早已超出沿海漁村的範圍,但仍保留着沿海漁村的風采。特別是漢沽地區的長蘆鹽場、楊家泊鎮、河西街、蔡家堡等群眾自發的飛鐃隊,在繼承傳統表演技藝的基礎上,將大鼓、大鐃有機結合,邊演奏邊耍鐃,做出各種優美的動作。原本並不複雜的打擊樂器,在這裏已經發展為集民間音樂、民間舞蹈、民間武術為一體的地方綜合性傳統民俗藝術。二〇〇六年,漢沽飛鐃成為天津市首批非物質文化遺產項目,二〇〇八年入選國家級非物質文化遺產名錄。

趙滿宗,年近七十,是漢沽有名的船把頭,打了一輩子魚的他另外一個身份是國家級非物質文化遺產漢沽飛鐃市級代表性傳承人。在茫茫海上,漢沽漁民仍沿用飛鐃這種古老而特別的方式捕魚,表現出漁民劈波斬

浪、奮勇向前、勇敢無畏的氣概，對美好生活的向往和對大海的深情。

　　時值二月，渤海的休漁期結束了。天津漢沽的漁民們進入新一年的工作季節。凌晨四點，趙滿宗準備出發，他必須趕在潮水漲起來之前到達碼頭。

　　「走吧，哥幾個，上船了，上船了。」趙滿宗招呼着一起出海的漁民兄弟。每次出海打魚，趙滿宗十分掛念家人。他說，總是出遠海，一般都得個把月才能返航回家。漁船上的日子，平時要是好天氣就沒事兒，一旦遇到颱風下雨、雷電交加的時候，海水呼嘯終日，伴隨着耳邊的狂風，心眼都不由得揪在一塊。漢沽流行着一句民間諺語：姑娘不嫁打魚郎。說的就是海上充滿風險，艱苦的生活讓姑娘們望而卻步。

　　離開海岸線，是對人的一大考驗，但對於老趙來說，機遇和誘惑恰恰就在深海之中。漁民外出打魚，一是看氣候，二看水面。趙滿宗打魚經驗非常豐富，根據不同形態的水面，可以比較精確地判斷魚群位置。緊接着，他便行船奔着魚群方向開去。

　　渤海是黃渤海漁業的搖籃，是多種魚、蝦、蟹、貝類繁殖、棲息、生長的良好場所，故有「聚寶盆」之稱。渤海，古稱滄海，又因地處北方，也有北海之稱。它三面環陸，在遼寧、河北、山東、天津三省一市之間，遼東半島南端老鐵三角與山東半島北岸蓬萊遙相對峙，像一雙巨臂把渤海環抱起來，岸線所圍的形態好似一個葫蘆。渤海面積較小，有七萬七千多平方公里，海峽口寬五十九海里，有三十多個島嶼。其間構成八條寬狹不等的水道，扼渤海的咽喉，地勢極為險要，是京津地區的海上門戶。

　　渤海沿岸河口淺水區營養鹽豐富，餌料生物繁多，是經濟魚、蝦、

蟹類的產卵場、育幼場和索餌場，而中部深水區既是黃渤海經濟魚、蝦、蟹類洄游的集散地，又是渤海地方性魚、蝦、蟹類的越冬場。在這裏，浮游植物年生產量一億四千萬噸，魚類年生產量四十九萬噸，對蝦、毛蝦、小黃魚、帶魚是最重要的經濟種類。

趙滿宗十七歲就隨父親上船捕魚，他熟悉渤海的每一片海域。經過八個多小時的航行，這一天的捕魚開始了。

如何獲取海洋的魚類資源，漢沽漁民有自己的秘訣，他們用飛鑔捕魚這種古老而特別的方式。「敲得又急湊，越響，越快，這樣才能促使魚蝦奔向咱們來。」趙滿宗在遇見魚群的第一時間，帶領各船敲鑔擊鼓。漁民們打的鼓點是漢沽海上自古以來傳下來打的鼓點，名叫「吵子」。魚蝦聽到熱鬧的聲響，就會圍攏到一起，趙滿宗他們就能輕鬆捕獲了。

捕魚的鑔和鐃要選用優質的黃銅作為材質。在所有金屬中，黃銅的音量最大，一米之內能達到一百一十分貝。正是因為這樣，鑔聲才能在海面上向遠處傳播。在沒有通訊工具的年代，飛鑔是船隊之間協同作業的信號，直到今日依然沿用。

「下網了，下網了，下網了！」在下網之後，趙滿宗和他的船員們需要耐心等待收網的時機。在等待收網的間隙，趙滿宗回憶說，他十八九歲的時候因為愛玩，把橫笛拿出來吹。就在笛聲悠揚的時候，他的漁船被大小海豬圍上。不但圍上，而且還順着他的漁船來回轉。那時，他才徹底地知道，海裏的魚蝦是有耳音的，牠們也愛熱鬧。

大網在水下已經蟄伏了三個小時，突如其來的風浪讓船員們措手不及，只能提前收網。這天的收穫並不理想。近幾年來，沒有收穫是常有的事，在老趙看來，人類對近海魚類資源的瘋狂捕撈，改變了這裏的生

態環境。船員們期待着下一網能有好的運氣。

漁船繼續在大海中行駛，海面上出現細微的變化，船上很快就熱鬧起來。「起網了，起網了！」網重難拉，但似乎收成不錯。這時就再打上一陣鑼鼓鑔，聽到聲響的魚群再次動彈起來，收網就變得輕鬆多了。漁船滿載而歸，岸上的家人已在等待。

漢沽蔡家堡的全村老少都會飛鑔，他們用這樣的方式在大海中捕魚，維持生計，也用這種方式喜慶豐收，祝福平安。

傳承人趙滿宗

●

漢沽飛鑣

渤海海面

一陣鑼鼓鐃後豐收的魚蝦

古法鍛製，君子之風
—— 龍泉寶劍

- **地點：**浙　江
- **技藝：**國家級非物質文化遺產代表性項目　龍泉寶劍鍛製技藝
- **人物：**沈新培　國家級非物質文化遺產龍泉寶劍鍛製技藝　國家級代表性傳承人

　　龍泉，坐落於浙南地區的歷史文化名城，因寶劍而享譽天下。

　　根據文獻記載，春秋末年，鑄劍名匠歐冶子奉霸主楚王之命鑄劍。他來到浙江龍泉秦溪山麓，見此地古木參天，河水甘寒清冽，尤其盛產一種新的金屬礦 —— 鐵英砂，在這塊寶地，他為楚王鑄得寶劍三柄。一曰「龍淵」，觀劍如登高山臨深淵；二曰「泰阿」，觀劍如見流水之波；三曰「工布」，其狀如珠不可衽。後來，此地以寶劍之名龍淵為鄉名，到了唐代，為避唐高祖李淵名諱，以泉代淵，改稱龍泉，唐肅宗乾元二年（七五九年）設置龍泉縣。

　　從那時候起，龍泉一詞幾乎就成了寶劍的代名詞。龍泉寶劍不僅在

中國古代冷兵器史、中國古代冶金史上聲名顯赫，在中國古代思想史和中國文化藝術史上也佔據了重要的一席。龍泉寶劍，是中國古代匠人、文人和武士在製劍、佩劍和舞劍的過程中逐漸形成的一道獨特文化現象，以鋒刃銳利、寒光逼人、剛柔並寓、紋飾巧致著稱於世。龍泉寶劍鍛製技藝，用材講究，工藝獨特，具有鮮明的地域特色，於二〇〇六年被列入首批國家級非物質文化遺產代表作名錄。

沈新培是龍泉鑄劍世家「沈廣隆劍鋪」的第四代傳人，也是國家級非物質文化遺產龍泉寶劍鍛製技藝國家級代表性傳承人。

早在清咸豐年間，沈新培的祖爺爺沈朝慶（第一代）創辦了「沈家鐵鋪」，以打農具為主，多年打鐵過程中總結出了一套訣竅。

在積累了一代人的打鐵經驗之後，沈新培的爺爺沈庭璋（第二代）於光緒十八年（一八九二年）掛牌開創「沈廣隆劍鋪」，號稱「壬字號」。沈庭璋開創了新訣淬煉、養光工藝、菖蒲葉狀造型這三大鑄劍技藝，使所鑄寶劍發出自然青寒之光，修長別致，使用稱手，且剛柔並寓，富有彈性。這是沈家傳統鑄製技藝的顯著突破，也是寶劍傳統技藝史上的重大突破。一九一一年，沈家寶劍在龍泉鑄劍精英大比武中一舉奪魁，享譽寶劍業，並於一九一五年在巴拿馬萬國博覽會上獲金獎，此後成為舉世公認的「天下第一劍」。

沈庭璋五子煥文、煥武、煥周、煥清、煥全，皆是天資聰穎，在父親的悉心傳授下，個個技術精湛，所鑄之劍以劍形獨特別致見長，時稱「鑄劍之家沈氏，文武周清全」，被譽為「沈廣隆傳人第三代」。

作為沈廣隆劍鋪的第四代傳人，年近七十的沈新培早已成為龍泉鑄劍領域的大師。出生在鑄劍世家的沈新培，係沈煥周之子，最初沈家不

希望孩子再整天與鐵打交道，準備送沈新培去讀書。然而沈新培對學堂裏教的東西始終沒興趣，常常逃學回家看大人鑄劍，沈煥周這才明白「小劍癡」心思不在讀書上，就乾脆把他從學校裏接回來，專心傳授他鑄劍手藝。年僅十三歲，沈新培就稀裏糊塗地跟着父輩開始走上了鑄劍生涯。

「出生在這樣的家庭，就好比鋼水煉出來就被澆鑄進了劍模子。」他總結家庭環境對其鑄劍生涯的影響，在現在看來也許不得不説是一種命中注定。

「未來人世前，時聞錘高歌。少小爐為伴，老大汗成河。」這是沈新培為自己編寫的打油詩。一九八三年，沈新培離開龍泉劍廠，開始重振「沈廣隆劍鋪」的招牌，成為劍鋪的第四代繼承人。劍鋪依舊，沈氏後代對鑄劍的那份癡心和執着也絲毫不改。從一九七二年至今，沈新培仿古厚今、推陳出新，前後研製出乾坤、龍虎、伏魔、魚腸、雲花、倚天等二十餘個新劍種，鑄造了鑄劍大師的精彩傳奇。在半個世紀的鑄劍生涯中，沈新培深得前輩祖傳的鑄劍秘訣，所鑄之劍保持了「沈廣隆劍鋪」歷代鑄劍工藝特色，身上渾然天成的爽朗氣魄正是鑄劍師特有的豪邁性格。

在中國傳統文化中，有這麼一個定論：「槍為帥，棍為賊，刀為虎，劍為君。」什麼人佩劍？君子佩劍，因此每把劍都應該有君子之風。鑄劍行有句老話：「鑄為下，用為上。」在沈新培看來，用劍之人如何使用一把寶劍比鑄劍本身更為重要。

近年來，市面上的劍多為精工鑄造，想要定製一把古法手工鍛製的好劍，很多人只能到龍泉拜訪沈新培。游玄德，南武當第十四代傳人。

同為懂劍的行家，每次見面，二人都要在深山竹林裏切磋技藝。說到劍，人們也總會想到江湖。或許，年輕的弟子其實已經很難再相信師傅口中的那個武林，但沈新培還是堅持着這種以劍會友的方式。在溝通完鑄劍的想法後，沈新培開始為游玄德鑄劍。

開爐之前祭拜祖師爺歐冶子，是鑄劍行的老規矩。

四月，穀雨之後大水剛退，是尋找鐵英砂的最佳時機。老沈要趕在下一場雨來臨之前找到足夠的原料。事實上，現代人已找到龍泉出好劍的奧秘，普通鐵礦石的含鐵量約為百分之五六十，而龍泉出產的鐵英砂則達到了百分之七十以上，高出普通礦石約百分之二十，是鑄劍的絕佳材料。利用溪水自然的流動，用簡單的木盆淘洗鐵英砂。這種兩千六百多年前就開始使用的古老方法有效而便捷。

優質的鐵英砂、龍泉甘寒清冽的溪水和暗藏在水底的亮石，被當地人稱為鑄劍三寶。一晝夜之後，鐵砂已經自然風乾，沈新培正式開爐鑄劍。

炒鐵是鑄劍的第一步。龍泉流傳着「三斤毛鐵半斤鋼」的老話，鐵英砂中含有硫、磷等雜質，要將其變成適合鑄劍的材料必須反覆冶煉、錘打。經過上萬次的反覆錘打之後，雜質基本排除乾淨，但這還不能算是合格的鑄劍材料，接下來還需要加入一定比例含碳量不同的鋼。將多種材料融為一體，需要百折百煉，一拳寬的劍身，沈新培和兒子需要折打六萬五千多次。

沈新培常說：「鑄劍是門學問，可以讓人傾注一輩子去鑽研的學問。每把劍從原料到成品需經過多道工序，但主要在澆鑄、鍛磨、淬火、養光道。」

鑄劍工藝精深奧妙，每一下敲打的輕重緩急都關乎一把寶劍的品

質。立夏之後空氣濕度增加，沈新培要加快進度將劍體鍛製成型。但對於有經驗的鑄劍師來說，時間再緊也不能急躁。「力到，才能神到。我只有在心情好的時候才去鑄劍，心情不好暴躁我是絕對不會去鑄的，傷人傷己。」沈新培說。

如果對溫度和力道的控制稍有差池，就有可能前功盡棄。「練劍之要，切忌停滯，身如遊龍，罡氣至柔，入陰而鴻。要懂得剛柔之法，動靜之變。身與劍合，劍與神合。」沈新培堅持，鑄劍的第一要事便是劍人合一，二則剛柔並濟，三則古樸典雅。一把劍鑄得再好，它還是一把劍、一種兵器，但若融入文化，它便有了生命，有了傳承的使命。

一個月後，劍體已初步鍛造成型。經過冷鍛、反覆刨銼、矯正、磨礪，一把鐵英砂在老沈手中已經脫胎換骨。

接下來，沈新培需要用亮石磨劍。亮石是龍泉特產的神奇磨石。據說只有用這種亮石磨劍，才會產生寒光逼人的效果。沈家從清朝光緒年間開始鑄劍，這塊亮石就被視為寶貝，傳到老沈手中已經是第四代，亮石的品質保證着沈家寶劍的成色。

鑄劍工藝快要完成了，但對於老沈和兒子來說，能否真正成劍還有最後一個關鍵的步驟 —— 以竹試劍。竹子的硬度與人體骨骼非常接近，以竹試劍是祖上傳下來的老方法。一旦劈竹捲刃，就意味着前功盡棄。

一聲清脆醒耳，碗口大小的綠竹應勢倒下，又一把龍泉寶劍新生了。

劍，意為人所帶兵也，是人類最早隨身攜帶的兵器。三千年來，它已褪去鋒芒，更多的成為一種鎮宅祈福的吉祥象徵。今天，劍已被中國人賦予了正氣、正義、權威的含義，傳承千年的鑄劍行，生生不息。

傳承人沈新培（上）
龍泉劍（下）

鑄劍過程中反覆錘打

在溪水中用木盆淘洗鐵英砂

以竹試劍

化干戈為利器
—— 金門菜刀

● 地點：台　灣
● 技藝：台灣金門菜刀製作技藝
● 人物：吳增棟

　　台灣金門，屹立於福建省東南部海域、台灣海峽西部的城市，古稱「浯洲」「仙洲」等。唐代，貞元十九年（八〇三年）這裏就是牧馬監地，五代時編入泉州屬尾，一九一五年一月正式設金門縣，取「固若金湯、雄鎮海門」之意。

　　金門全縣面積約有一百五十平方公里，包括金門本島（大金門）、烈嶼（小金門）、大擔、二擔、烏丘、東碇、北碇等十二座島嶼，其中金門本島面積約為一百三十四平方公里。它西與廈門島遙望，東隔台灣海峽與台中市相望，北與泉州市石獅市相望，與大陸最近處僅二千三百一十米。金門島四面環海，環島多港灣口岸，潮高水深，形中

狹如錠，島形似啞鈴，東西寬，南北窄，太武山雄踞東部。

當地俗語稱：「金門三寶，無人不曉。」一是甜而不膩、獻給黃帝的貢糖，二是口感豪邁、勁頭不小的高粱酒，最著名的一寶則是用金門炮彈殼製成的金門菜刀。

吳增棟，是台灣金門菜刀製作技藝的代表人。他出身於打鐵世家。清光緒年間，吳增棟的祖父學藝於廈門，回到金門後創立「金合利」鐵匠鋪。祖父過世後，父親便接手了鐵匠鋪。

吳增棟出生於一九五七年，在金門這個地方土生土長。二十世紀後半期，金門因其獨特的地理位置和重要的戰略地位，注定不會平靜。一九八五年八月二十三日，金門爆發「八二三炮戰」。中國人民解放軍炮擊金門，從炮擊開始算起，在此後短短四十四天的時間裏，金門地區落下了數十萬顆炮彈。

八二三炮戰結束後的第二天，中華人民共和國國防部發表《告台灣同胞書》，其內容是要求台灣共同對付美國為首的帝國主義，並指八二三炮戰為懲罰性質及提前通知，停止炮擊金門七天。之後又延長兩週，於一九五八年十月二十日恢復炮擊。十月二十五日，再次發表《再告台灣同胞書》，表示「中國人的事只能由我們中國人自己解決」，「一時難以解決，可以從長商議」，宣佈放棄封鎖，改採取「單打雙不打」的方針，即單日打炮，雙日不打。此後，金門炮戰形成彼此之間隔日對打的局面。

兩岸仍持續着炮擊，但逐漸減少攻勢，規模由大到小，由每日改為隔日，甚至到過節時宣佈不打。更有意思的是，對接濟金門後勤供養的運輸船隻在無美艦護航的情況下不予炮擊。到後來，雙方的炮彈已經基

本不射向人活動的區域，而是射向荒野。隨着形勢發展，許多宣傳彈開始出現，炮擊從某種程度上，演化為一種獨特的宣傳攻防戰。戰火一直延續到一九七九年元旦，美國與中華人民共和國建交，中國大陸發表《停止炮擊大、小金門等島嶼的聲明》。至此，歷時二十一年的金門炮戰才正式畫上句號。

長達二十一年的戰火硝煙給身處其中的人們留下了難以磨滅的印象。金門炮戰剛爆發的時候，吳增棟剛滿七個月，他是跟這些炮聲和炮彈殼一起長大的。「你說不怕是騙人的，怎麼會不怕！整整二十年又三個月，剛好就是我一歲到我二十歲。」

吳增棟的青少年時期，金門所有的海岸線都是軍事重地，整個片區全部都是雷區。海岸線一條一條的叫軌條砦，是先以水泥為底做成梯形，再將鋼條或是鐵軌型工字鋼條面向來威脅方向鋪設好。這麼做最主要目的為防止登陸，即為刺破來襲船隻船底，使其進水擱淺，不能再次回程載運部隊。種種複雜的戰鬥工事在金門到處可見，吳增棟說，在那個年代，他們恨戰爭。吳增棟常想金門對岸的廈門民眾應該也是一樣在恐懼中長大和生活。

誰也沒有想到，昔日的烽火硝煙鍛造了金門傳統的製刀產業。

金門炮戰後，時有退役的軍人撿來廢棄的炮彈殼，讓吳家打製成刀，留作紀念。金門的這個島面積不大，只要用挖土機下挖，幾乎都可以挖到炮彈。後來，由於金門菜刀鋒利耐用，剛中帶韌的特性，即使切割硬物也不易變形，加上口口相傳，金門菜刀成了台灣的搶手貨。

昔日金門不幸成為兩岸的戰地，那些在紛飛戰火中落下的炮彈，卻在日後成為吳增棟事業的特殊原材料。起初，吳增棟等鐵匠人用炮彈做

刀，他們覺得是一種廢物利用，它原是報廢的炮彈殼，製造彈殼的優質鋼材是打造菜刀的原料。而現在，隨着兩岸形勢的緩和，金門菜刀已經成為了歷史的記憶與和平的見證。

吳增棟把祖輩傳下來的製刀經驗，加上炮彈鋼的特殊鋼質，打造出了聞名中外的金門菜刀。他的廠房存放着三千多顆炮彈，一顆大的炮彈可以打五十多把砍刀和八十餘把切刀。僅他家裏存的炮彈原料，就可打造一二十萬把鋼刀。

吳增棟說：「這種東西能夠化解以前的這些歷史的一些恩怨，就像我們做這把刀一樣，化干戈為玉帛。」

一把金門菜刀，必須經過材料切割、加熱鍛煉、鋼刀打造及研磨等煩瑣製造程序。吳增棟先從廠房裏拿出一顆炮彈，把炮彈殼切割成小塊。切割完畢後，吳增棟開始製作菜刀，將鋼片投入炭火爐中燒紅。幾分鐘後，他鉗出紅透的鋼片，拿出來錘打。過去是用手工錘打，現在用電錘。在急促的氣錘聲中，鋼殼被打成矩形。隨後，吳增棟再次將鋼殼投入火中，進行第二次鍛打。

吳增棟重重地錘打在燒紅的彈殼上，按着菜刀的秉性進行打製，此時飛濺出來的火花與彼時燒製炮彈時的火花頗有幾分類似。因打製方式的不同，原本是殺傷武器的鋼鐵換化成另一種形態，走進人們的生活。

在一次次反覆的鍛打中，鋼板變得越來越薄，刀的外形也漸漸顯現。之後，吳增棟將成型的刀胚迅速淬火，再反覆研磨、拋光。二十分鐘後，一把金門菜刀製作完畢。

六十多年過去，一切都發生了變化。

對吳增棟來說，從炮聲隆隆到如今的和平團圓，一切都像夢一場。

以前，生活在台灣海峽對岸的他們，覺得廈門好像就是在地球的另一邊，沒有想到，如今交流的大門打開，彼此之間的生活早已聯繫在一起。

吳增棟說：「我爸爸如果還在的話，看到現在，他不知道會有多高興。」

誰能料想，血與火的戰爭過後，給人們留下了一門特殊的「傳統工藝」！拂去當年炮戰的硝煙，吳增棟用精湛的打鐵手藝，將炮彈皮轉化為案板上製作美食的利器。

存放炮彈的廠房

挖掘機挖出的炮彈殼

進行炮彈切割

信服勇者，與神靈溝通的特權 —— 苗族絕技上刀梯

● **地點：**湖　南
● **技藝：**市級非物質文化遺產代表性項目　苗族上刀梯絕技
● **人物：**龍光青　市級非物質文化遺產苗族上刀梯絕技市級代表性傳承人

　　在湖南湘西，苗家人特有的一種傳統技藝充滿了神奇的魅力。這是苗疆祈福禳災最為重要的儀式 —— 上刀梯。上刀梯，又稱上天梯，苗族長久的遷徙和磨難讓苗家人信服勇者，他們相信有勇氣赤腳踩着利刃登天的人，能獲得與神靈溝通的特權。

　　苗家人自古以來就流傳着兩個關於上刀梯起源的傳說。其一，相傳在很久以前，苗嶺出現一個妖怪，到處害人。一位叫石巴貴的青年，自告奮勇帶着三十六把鋼刀來到一座高山上，將刀一把一把地由下而上插在一株大樹上，插一把上升一步。插到最後一把，登上樹梢後，舞動手中的降妖鞭，吹響牛角，高呼要與妖怪決一死戰。跟隨他上山的百姓則

在樹下點燃鞭炮和鐵銃，敲起鑼鼓。妖怪見此情景，只好逃之夭夭。其二，傳說有一名叫作趙二郎的青年，為了醫好被風沙吹瞎眼睛的鄉親，他背一把黃傘，來到高聳入雲的大樹上，將刀一把一把插在樹幹上，然後沿着刀梯攀上雲天。三十六天後，只見一把黃傘從天空慢慢落下，傘上沾滿露水，苗家人用露水洗亮了眼睛，但是他再也沒有回來。苗民為了紀念這兩位勇士，在重大節日與祭祀活動中都要舉行上刀梯的儀式。

三十出頭的龍光青是一位苗法師，市級非物質文化遺產苗族上刀梯絕技市級代表性傳承人、貴州省苗族儺技傑出的傳承人。

他出生在貴州省松桃苗族自治縣世昌鄉甘溪村下甘溪，從小受到苗族儺戲文化的熏陶。他曾跟大伯龍法靈學習儺戲文武教，文教以說唱為主，武教以技法技藝為主，法技神密驚人，龍光青特別着迷於武教（儺技），是第二十八代傳人。好學好動的龍光青，小小年紀便掌握了大量的儺技技法。為提高技藝，龍光青博採眾長，奔走湘、黔、川向著名的武術散打、拳師學習交流武藝，大量閱讀武功雜技、民族文化藝術等書籍，周遊全國各地進行武術、氣功交流和儺技教研，為從事研練武功絕技、儺技打下了基礎。

經過長期苦練和各地表演，龍光青上刀梯的絕技已達登峰造極之境。他曾於二〇一四年在矮寨大橋高空直播挑戰上刀梯。龍光青不帶任何保護，不穿鞋子，赤手空拳，一步步攀登上鋒利的刀梯，進行背靠刀梯雙手抓鋼刀懸垂三百六十度旋轉等五個動作的挑戰。他下刀梯進行短暫休息後，放開雙手，進行雙腿倒掛鋼刀三百六十度旋轉等四個動作的挑戰。最後，龍光青跳躍着攀登上刀梯，在刀梯頂部進行頭頂鋼叉倒立、腹臥鋼叉三百六十度旋轉等終極挑戰，可謂步步驚心。如今，他被

譽為「刀鋒上的奇人」「世界大刀王」，二〇〇七年被評為首批「中國民間文化傑出傳承人」。

湖南湘西金龍村八十三歲的苗法師去世了。作為村裏最德高望重的人，整個寨子的鄉親都要為他送行。按照苗寨的規矩，老法師去世，年輕的法師龍光青要以上刀梯的方式與老人告別，為村民祈福。

第二天就要上刀梯了，龍光青覺得不踏實，還是先來做做準備。每一個懷有上刀梯絕技的人都是經歷了多年體能和心理的數重訓練。首先特別重視人的意志訓練，練習時手、足發力或輕或重都與意念息息相關，其次要求險中求穩，動中求靜，顯出了冷靜、巧妙、準確技法和千錘百煉的功夫，此外還需平中求奇、出神入化、從無到有、通靈入化、輕重並舉、軟硬功夫相輔相成，最後是具有超人的意志和輕捷靈巧的身手。

刀梯是幾天前剛剛架設的，與普通的刀梯不同，這座刀梯架設在村頭四百米落差的懸崖峭壁之上，用的刀一般三尺長一掌寬，每一把都必須是經過檢驗，開過刃的鋼刀。龍光青希望別人把刀磨快一點，越快越好，因為苗家人認為越危險就表示越誠心。

這天晚上，法事活動還在繼續。為老法師送別的祭祀儀式便是儺戲，儺戲又稱儺堂戲、儺神戲、土地戲或師公子戲，是遠古湘西先民鬼神崇拜演化而來的一種原始的巫舞，起源於康熙年間的湘西，由佛、道與苗族的巫文化交融而成，多在酬神還願的宗教性祭祀活動，或春節期間用以驅瘟逐邪時唱，由男性的巫師、端公表演。

儺戲表演較少固定程式，動作樸拙自由，表演中說、唱、跳舞夾雜，伴有踩鏵口、撈油鍋、吐火、上刀梯等特技，常根據情節過程即興發揮，內容多依據神鬼怪傳說為主。儺戲唱腔豐富，各地差異較大，一

般也收當地民歌曲調，宗教音樂混合而成。其中，口語吟唱較多，以鈸、包鑼、嗩吶、鼓四種樂器伴奏，烘染氣氛，並有眾人「壓尾」幫唱。儺戲曾廣為流傳，而現在只能在偏遠的苗寨才能見到。

上刀梯是儺戲中最為關鍵的技藝。第二天，金龍村為老法師送行的儀式格外隆重，全寨子的人都在期待着新法師龍光青的表現。

在村頭懸崖峭壁之上，豎立着一根高約三十六米的杉樹幹。樹幹上鑿開三十二節孔眼，兩邊各安插着十六把鋒利的鐮刀，刀長一尺五寸，刀背厚半半厘米至一厘米，刀刃朝上，組成十六級刀梯，安裝時加閂固緊，以防搖動。從現在起，每一步都性命攸關。樹幹四周拉線固緊，刀梯上端纏繫多種顏色的彩布小旗，象徵着希望和成功。三十六米高的刀梯，一尺一刀，刀刃鋒利，龍光青必須經受二百五十六次利刃的考驗。

龍光青身着民族服裝，高挽衣袖，赤手赤腳，露出小腿，光着膀子，雙手抓住刀刃，雙腳踩着刀刃，一梯一梯輕輕往上爬。他身上背着的這個響鈴叫作「師刀」，苗家人認為它是一種通靈的法器。人們相信，只有把師刀在最接近天空的地方搖響，才能送走逝者的靈魂。

上刀梯是苗族秘不外傳的絕藝，一般在苗法師將老之時才會擇徒相授。在此之前，龍光青還從未在懸崖上上過刀梯。他的腳掌踩在鋒利的刀刃上，令村民膽顫心驚。「如果你上得快的話，上不了，刀子太快了。這畢竟得小心一點。」龍光青說，苗族傳統的儀式很多都帶有危險性，他們認為不忘祖先遭受的磨難，才懂得珍惜現在的生活。

時間很快過去，然而龍光青的進度並不理想。龍光青的哥哥放心不下，匆匆趕來。「注意啊，注意啊，危險，抓穩啊，抓穩啊！」他哥哥說，刀刃極其鋒利，如果一根頭髮放在刀刃上，有微風吹動都會折斷。

●

刀梯上插着開過刃的鋼刀（上）

傳承人龍光青（右）

龍光青雖然多年嚴格控制體重，保持在四十五公斤，但即使是這個分量，在鋒利的刀尖上稍有不慎，後果也不堪設想。十分鐘後，龍光青赤手赤腳爬到很高了，但體力已經瀕臨極限。最後的幾級，兩手握刀卻很難着力，需要極其小心。

當他登上刀梯最高一級時，龍光青終於搖響了師刀，他獲得了與神靈溝通的特權。苗家人信服勇者，刀梯承載着他們信仰的力量。村民們相信，有了新法師的庇佑，接下來會是平順安康的一年。

登上刀梯搖響師刀

龍光青赤手赤腳爬刀梯（上）
整個寨子的鄉親為老法師送行（下）

第
3
章

萬物生命之本

「木者，春生之源」，萬物依木而生。

　　從人類最早採集狩獵，到拿起石頭、木棍製作工具，再到有巢氏帶領民眾躲避猛獸毒蟲，開始以木為居「晝拾橡栗、暮棲木上」，「木」一步步見證了人類智慧文明的源遠流長和不斷發展。

　　千百年來，中國人戀木、尚木，以木為題，將生活與創造結合，締造出無數值得珍惜的藝術形態。中國人以木為建築的重要材料，無論是帝王世家的名堂高柱，還是尋常人家的棚屋木屋，木都是離不開的棟樑之材。說到家居生活，無論家居、裝飾、寢具、食器，還是出行的馬車牛車、轎子滑竿，木無處不在，支撐起中國人千百年來詩意的農耕生活。至於戰場上的拋石車、滾木礌石，樂器中的琴箏簫瑟、笛子、琵琶，木的元素更是不可或缺。

　　從傳統到現代，文明進步的過程或許總是充滿挑戰和考驗，但永恆不變的是在傳承人眼裏，木是靈魂歸棲之所，是隆隆鼓聲的基點，是悠揚樂曲的旋律，是藝術的升華，是生命的寄託。

　　花開花落，冬去春來，木用它的年輪，將歷史和時光一圈圈地銘刻在自己體內，如同文明的密碼，等待着後來人與之對話。

　　因為傳承，文明從未中斷，如同有本之木，生生不息。

寄託永生長壽
—— 徒手攀岩懸棺絕技

● **地點**：貴　州
● **技藝**：省級非物質文化遺產代表性項目　麻山苗族喀斯特攀岩技藝
● **人物**：黃小寶　省級非物質文化遺產麻山苗族喀斯特攀岩技藝省級代表性傳承人

　　貴州省紫雲苗族布依族自治縣格凸河流域，是苗族、布依族的聚居地。格凸，在苗語裏的意思是「美麗的地方」，在這裏，有一群人向着懸崖峭壁上的祖先的木棺攀爬，用獨特的攀登方式紀念先人。

　　木棺的歷史可以追溯到兩千多年前，《周易》記載中國人用木頭製作棺材，將逝去的先人寄放在樹木之中以渴求永生長壽。懸棺葬，就是與《周易》中描述基本符合的一種比較奇特的喪葬方式。

　　懸棺葬在地理上分佈廣泛，四川、江西、廣東、廣西、湖南、湖北、貴州、福建和台灣等地均有發現。棺木的懸置方式有三種：一是木樁式，在峭壁凹入可避風處，鑿孔插樁，架棺於上；二是鑿岩式，鑿

岩為穴，置棺於內；三是自然洞穴式，利用岩壁天然縫隙或洞穴，置棺於內。其中，木樁式、鑿岩式懸棺在四川至今仍能發現蹤跡，四川省珙縣懸崖峭壁上還集中存放着二百五十多口棺材，長江三峽沿岸的風箱峽和大寧河畔也有多達三百餘處的懸棺遺跡。自然洞穴式懸棺，多集中在貴州省安順市的紫雲格凸、平壩縣的桃花村等地，有的洞穴內存放多達六百具，懸棺離地面高度一般在二十六米至五十米，高的可達百米，這些洞穴基本上都臨近江河。

紫雲縣格凸河畔的懸棺涵蓋了鑿岩式和自然洞穴式兩種，我們不禁要問，懸棺究竟是怎樣運上絕壁的呢？在沒有現代化的起重設備和各種設施之前，懸棺葬如何實現是個巨大的難題。

曾有傳說指出，歷史上苗族先民能像山裏的獼猴一樣，在格凸河兩岸的懸崖絕壁上攀行，到達人跡罕至的險洞幽谷。當地喀斯特地貌造成了懸崖上凹凸的棱角，為徒手攀岩提供了條件。美麗的格凸河畔崖壁高聳，沿河逆流而上，今天仍可見崖壁上懸置着數十口棺木。事實上，苗族人早已不再進行懸棺葬，但是架設懸棺的徒手攀岩絕技卻在格凸河傳承下來。黃小寶，是祖傳攀岩絕技的第七代傳人，也是省級非物質文化遺產麻山苗族喀斯特攀岩技藝省級代表性傳承人。他年近六十，家住格凸河的苗寨，是當地徒手攀岩的高手，自稱是一名「蜘蛛人」，這是當地人對掌握徒手攀岩技藝者的稱呼。黃小寶五歲時患上小兒麻痺症，兩條腿萎縮，十二歲時跟着村裏的老人羅發科學會了徒手攀岩。當初學攀岩，主要是為了收集岩壁上的燕子糞和硝石，燕子糞用來種地，硝石可以做炸藥，這些正是二十世紀八九十年代最容易掙錢的副業。

攀爬崖壁掏燕子糞難度很大，要求「蜘蛛人」的身體必須健壯，黃

小寶是個特例。黃小寶攀岩主要依靠兩臂的力量，他的一隻左腳只起到支撐的作用，經過二十多年堅持不懈的磨礪，他已成為優秀的「蜘蛛人」。算起來，他徒手攀岩已經四十歲年了，多年的攀岩生活讓黃小寶的雙手關節變形突起，手指佈滿厚繭，乍一看就像一雙孔武有力的鷹爪。

蜘蛛人黃小寶的師兄弟共有五個，黃小寶排行老大，是大師兄。小師弟黃金林是黃小寶的同村人，外出打工歸來，也希望加入蜘蛛人團隊。黃小寶負責對他進行攀岩技巧的恢復訓練，訓練為期一個月，黃小寶即將對小師弟進行正式考核。

考核的前一天，黃小寶帶着小師弟做最後一次訓練。「擦一擦，這樣就可以了。」在開始訓練之前，黃小寶教小師弟搓搓手，他說這樣摸了岩壁才有感覺。

「拉住那根樹根。」黃小寶手把手耐心地指導着小師弟。專業的攀岩運動員往往要藉助安全繩、鎖套、岩石錐等專業設備，格凸「蜘蛛人」完全依靠赤手空拳，他們有怎樣的絕技與竅門呢？

在攀爬的過程中，黃小寶向小師弟講了四點攀岩秘訣。

一是學功夫之初，要爬上爬下同步學，上兩步、退兩步後才能繼續向上爬。二是認路，手抓之處、腳蹬之點一定要記住，才可以上能上得去，下能下得來。久而久之，每一處攀過的山岩在心中自有一條路。三是不同的岩石形狀要用不同的身法，或手扒，或腳蹬，或頭頂，要找到最合適的着力點。四是身上出汗時要停止攀岩。只有掌握這些攀岩絕技，才能成為真正的蜘蛛人，在峭壁上運動自如，身輕如燕。訓練的最後，黃小寶和二師兄王鳳忠決定帶着小師弟黃金林再攀爬一次。然而，從懸崖下來的途中，二師兄卻出現了險情。好在經驗老道的他及時調

整，避免了一場意外的發生。

　　攀岩絕技源於當地架設懸棺的習俗，一上午的訓練結束了，下午黃小寶和二師兄帶着小師弟去看懸棺。

　　在很早以前，苗人祖先因躲避戰爭，從長江中下游一帶一路輾轉到貴州紫雲格凸河畔。祖先們為了告誡後人葉落歸根，發誓一定要打回老家、收復失地，於是亡故後並不入土，而是囑咐後人以木為棺，將屍體高懸於凌空陰涼、鳥獸不食的岩洞絕壁處臨時存放，一是防追兵破壞，二是防畜獸侵襲，三是便於長久保存，等待着有朝一日「回家」。

　　「這是我們祖先的懸棺！祖先是徒手攀岩，把棺板一塊一塊拉到懸崖上去，組合起來，然後就把屍體放進去。」黃小寶説，格凸河流域的懸棺頭大尾小，多為整木，用子母扣和榫頭固定，這樣是便於拆裝組合。攀上絕壁的人將存放棺木的位置選好，打好木椿或鑿好放棺木的洞穴後，用藤或繩把棺木部件一件件吊上絕壁進行組裝，再把屍體吊上去放入棺內，最後蓋好木棺。這樣，懸棺葬就完成了。正是懸棺葬習俗的需要，塑造了當地獨特的徒手攀岩技藝。

　　第二天，黃小寶帶着小師弟來到燕子洞。燕子洞口峭壁直上直下，高達一百一十六米，幾乎相當於四十層樓。洞裏有千萬隻燕子飛進飛出，峭壁下是看不見底的深淵，洞內則是水聲轟鳴的地下暗河，極具挑戰的環境讓徒手攀岩充滿了艱辛。

　　近幾年，隨着旅遊業的發展，黃小寶和另外幾個師兄弟，一直在格凸河的燕子洞進行徒手攀岩表演。他們在燕子洞洞內四壁上如履平地，時而從一側陡壁經洞頂翻轉至另一側陡壁，時而單手吊在絕壁上向峭壁下的村人招手，實為驚心動魄。

「遠古時代，是誰造了天，是誰造了地？」

黃小寶坐在峭壁上，歌聲響徹山崖，這種對終極意義的追問，也非常符合徒手攀岩原本的初衷，在送先人最後一程的路上，面對逝者，這種追問顯得格外震撼靈魂。

這一天，小師弟能否成為「蜘蛛人」，真正的考驗是能否上下走完燕子洞的峭壁。黃小寶不放心小師弟的安全，他先帶着小師弟爬一段。在黃小寶的示範和指導下，兩人越爬越高，進展十分順利。

「往那個左邊拐，就上去。抓住，往上抓，蹬，腳一蹬。往上抓。」黃小寶仰頭囑咐着小師弟。往常，黃小寶十分鐘便可以徒手上下，但是今天黃小寶決定只爬一小半，剩餘的讓小師弟單獨爬上去。最終，小師弟用七分鐘安全到達一百零八米處。

接下來，上山容易下山難，小師弟能不能安全下去，也是一個很大的考驗。下來途中，黃小寶示範做了一個單手倒掛，並鼓勵小師弟也跟着做一個。成功了，小師弟單手倒掛表現得很不錯！

「我是蜘蛛人！我們是蜘蛛人！」激動的話語標誌着小師弟第一次攀岩成功，蜘蛛人團隊又增加了新成員。

儘管先輩以懸棺葬寄託永生長壽的方式早已消亡，但在黃小寶看來，蜘蛛人的每一次攀爬，都是對祖先的一次致敬。

黃小寶帶着師兄弟來到燕子洞

黃小寶示範單手倒掛（上）
黃小寶像鷹爪一樣的手指（下）

在絕壁上攀爬的蜘蛛人

傳承人黃小寶（上）
「蜘蛛人」團隊（下）

放置在懸崖上的木棺（上）
存放在絕壁處的祖先棺木（下）

木頭、馬尾、草原、樂聲
—— 馬頭琴

● **地點**：內蒙古
● **技藝**：國家級非物質文化遺產代表性項目　馬頭琴製作技藝
● **人物**：巴彥岱　國家級非物質文化遺產馬頭琴製作技藝省級代表性傳承人

　　阿拉善左旗，位於內蒙古的最西端，蒼遠遼闊的騰格里沙漠在這裏一望無垠。騰格里在蒙語中是長生天的意思，是地位最高的神。生活在此的蒙古牧民，尊崇一種至高無上的木作樂器 —— 馬頭琴。

　　關於馬頭琴，這裏傳唱着一個美麗傳說。草原上有一愛唱歌的牧人蘇和，他有匹心愛的白馬，皮毛緞子般光亮，嘶鳴銀鈴樣悅耳。一次賽馬會上，白馬勇奪錦標，可惡的王爺卻奪走了蘇和心愛的白馬。白馬思念主人蘇和，一日尋得機會脫韁而逃，不幸身中王爺毒箭。蘇和悲痛欲絕，日夜守護白馬，白馬的嘶鳴在耳邊回響。於是蘇和以白馬的腿骨做琴桿、頭骨做琴箱、馬皮做面、馬尾為琴弦、套馬杆做琴弓，並依照白

馬的模樣雕刻了一個馬頭，做出草原上第一支馬頭琴。蘇和拉起馬頭琴，草原上空飄蕩起渾厚低沉的馬頭琴聲。

馬頭琴，在蒙古語稱為「綽爾」，是蒙古族傳統拉弦樂器，具有悠久的歷史，是蒙古族寄託思念、表述心聲和豐富生活的夥伴，是凝聚和振奮民族信念的精神依託。根據學者考證，馬頭琴從唐宋時期的奚琴發展演變而來，成吉思汗時期流傳遍佈民間。它伴隨着草原牧人經過世世代代，承載着草原牧人的心聲，是蒙古民族的文化標誌之一。

千百年來，馬頭琴樂器製作師傅沿襲千年的傳統，斫木為琴，讓簡單的木頭奏出美妙的樂音。二十世紀八十年代，蒙古馬頭琴演奏家齊·寶力高在北京排練辛滬光的《草原音詩》時，因馬頭琴容易跑調影響合奏，不得不連夜用泡桐面做成了琴箱，製成了第一把改良版的馬頭琴。後來，這一製作方式歷經諸多音樂家的親身實踐後，被整個業界公認為「至今為止最為成功的改製」而沿用下來。行業內，齊·寶力高全面改革後的馬頭琴被稱之為「現代馬頭琴」，之前所有種類的馬頭琴被稱為「傳統馬頭琴」。

馬頭琴所演奏的樂曲深沉粗獷，激昂大氣，體現了蒙古民族的生產生活和草原風格。牧民祖祖輩輩一直和馬相依為命，如果聽到一個馬頭琴的聲音，他就會想起自己心愛的馬。馬頭琴依託於蒙古族而存在，以聲音、形象和技藝為表現手段，並以身口相傳作為文化鏈而得以延續，是「活」的文化及其傳統中最脆弱的部分。因此對於馬頭琴的傳承過程來說，匠人的技藝傳承尤為重要。二〇〇九年，馬頭琴製作技藝被列入國家級非物質文化遺產代表性項目。

巴彥岱，是國家級非物質文化遺產馬頭琴製作技藝省級代表性傳承人。

牧民巴彥岱原本是一名木匠，五十二歲時轉做馬頭琴，成為當地一名資深的馬頭琴製作師傅。對他來說，馬頭琴就如同他的生命一樣，即便是晚上睡覺，枕頭邊也放着馬頭琴。

阿拉善左旗的駱駝那達慕要開幕了，巴彥岱要趕在這之前把馬頭琴做好。駱駝那達慕是牧民一年一度的盛會，牧民帶着駱駝從四面八方趕來，參加各種駱駝競技比賽。那達慕也是商業的機會，牧民趁着此時到集市上進行商品貿易，因此那達慕也是巴彥岱向牧民出售馬頭琴的好地方。

這天一大早，巴彥岱帶着徒弟買完一批材料，準備為沙漠裏的一個牧民製作馬頭琴。製作馬頭琴，不同部分選用的木料也有講究，主要選用五角楓、泡桐和魚鱗雲杉三種木材。五角楓主要用於馬頭琴的琴頭、琴頸和琴箱的背板及側板的製作。泡桐和魚鱗雲杉用於製作琴箱的面板。傳統馬頭琴多為演奏者就地取材所自製，對於材料的選擇、使用以及樂器規格等並無統一規定，選材主要依賴製琴師的個人經驗。馬頭琴之所以能夠演奏出深沉粗獷、激昂大氣的動人樂曲，要歸功於馬頭琴的獨特構造。一般獨奏所使用的均為中音馬頭琴。

巴彥岱買完材料回到家，立刻開始做馬頭琴。馬頭琴，長約一米，有兩根弦，由共鳴箱、琴頭、琴桿、弦軸、琴馬、琴弦和琴弓等部分組成。琴桿、琴頭，多用一整塊色木、花梨木、紅木或松木製作。琴桿分兩段，上段為半圓形柱狀體，前平後圓，正面裝有指板。下段裝入琴箱，穿過上下框板的通孔，在琴箱下方露出尾柱。琴頭雕刻有精細的馬頭，形態各異。弦槽開在琴頭背面，有槽蓋，左右兩側各橫置幾個弦軸。弦軸，又稱把子，一般採用黃楊木或琴桿木料製作，軸桿為圓錐體。在弦槽中加裝銅軸，固定琴弦，軸幹外套軸柄。軸柄呈圓錐形、八

方形、瓜棱形或扁耳形,軸柄外表刻有直條瓣紋,便於擰轉。

馬頭琴特殊的聲音形態,源自共鳴箱,它是馬頭琴的主要發聲體,製作過程與聲學、力學、大小等息息相關。共鳴箱呈正梯形,也有極少六方形或八方形。琴箱框板一般由楓木製成,上下兩框板的中央開有通孔,用來裝入琴桿的下半段。琴箱正面多用白松或桐木等材料拼接而成的薄板,上開音孔對稱分置於中線兩側,音孔形狀多是蒙古族傳統紋樣,板內面粘接音樑(肋木),面板與背板之間另有音柱支撐。

琴馬,為木製橋形,橫置於面板中央。琴桿頂端置山形弦枕,張兩簇尼龍弦,兩弦分別用根和根左右的細線合成,兩端用細絲弦結住或編成辮,上端繫弦軸上,下端通過拉弦板繫在琴底的尾柱上。

琴弦,傳統馬頭琴的特點是馬尾製弦法,改革後的馬頭琴用尼龍絲取代了馬尾弦。

近年來,內蒙古的諸多地區紛紛建立了製作馬頭琴的工廠和作坊,僅在呼和浩特市一地,從個人工作室到成規模的工廠,製作單位達十多個。因製作師製作工藝的差別,所製作的馬頭琴也各有千秋,但基本結構都是一樣的。為了提高效率,有的工廠開始使用機器。雖然機器雕馬頭一天雕幾十個,手工做一天雕一個馬頭,生產效率低,但巴彥岱仍然堅持純手工的傳統。

那達慕盛會召開的第三天,馬頭琴做好了。

一大早,巴彥岱帶着徒弟趕緊出發,巴彥岱要把馬頭琴給牧民送去,更重要的是趕去那達慕賣馬頭琴。牧民家住在沙漠裏的海子,要一天的時間才能到,中午的時候巴彥岱決定吃完午餐再繼續趕路。

「到蒙古人家,去了以後,這個馬頭琴,是相當受尊重的一個東西,

拉人家馬頭琴必須手洗乾淨，你可以演奏。你不要稀裏糊塗出去外面，方便以後手不洗就拿馬頭琴，人家主人一下就不高興了。」巴彥岱一路上囑咐着徒弟。

到了下午，師徒三人找到了委託他製作馬頭琴的牧民馬師傅。「這次我把馬頭琴給你帶回來了！」巴彥岱對牧民朋友說。隨後，巴彥岱師傅按照傳統的儀式，將馬頭琴恭恭敬敬地供放在佛龕邊上。

師徒三人的馬頭琴聲驚動了附近的牧民，他們紛紛趕到馬師傅家。巴彥岱說：「每次我們去，這樣為牧民演奏上一首馬頭琴，在牧民的笑臉

上我看出他們的喜悅之情,我特別高興。」

　　馬頭琴聲婉轉悠遠,渾厚深沉的長調在馬頭琴聲中被演繹得淋漓盡致。琴聲、歌聲融匯着牧人的喜怒哀樂,融匯着牧人的希冀從牧人的心底飄出,彌散在整個草原,又從草原回轉而來,流瀉到牧民的心裏。

　　漸漸地,師徒三人演奏的馬頭琴聲,也從蒙古包飄揚到了沙漠。

　　在這一年的那達慕大會上,來找巴彥岱做琴的人,比往年多了一些。

傳承人巴彥岱

巴彥岱在琴頭雕刻精細的馬頭

鼓聲如驚雷，一動傳千里
—— 台灣響仁和鼓

● **地點**：台　灣
● **技藝**：台灣響仁和鼓
● **人物**：王錫坤

　　無論是宗教寺廟裏的暮色之鼓，還是廟會藝陣表演的跳鼓陣，又或是劇團後場舉足輕重的樂器，鼓聲在中華兒女的生活中，早已成為鐫刻腦海的震動之音，在台灣也不例外。

　　王錫坤，祖籍福建漳州，是台灣新莊「響仁和鼓藝工坊」的做鼓師傅，被譽為台灣的「鼓王」。

　　王錫坤的父親王阿塗，是新北市有名的做鼓師傅，「響仁和」的創始人。王阿塗，原名王桂枝，一九〇七年出生於新莊，他的父親原本是一名私塾教師，希望兒子能成為溫文爾雅的讀書人，但阿塗對讀書沒有興趣，倒是在新莊地區的各種民間藝術中找到了快樂。從小開始，他逐漸

學會演布袋戲，還藉着吹嗩吶的特長，常在後台給布袋戲伴奏。後來，王阿塗迷上了鼓的製作，一九二九年在新莊碧江街上開了「響仁和」吹鼓廠，專門製作皮鼓與嗩吶。

「響仁和」的名稱，來源於佛經中的一句話：「佛響仁和，棄惡揚善。」在王阿塗的努力下，「響仁和」的名氣越來越大，成為北台灣的著名字號。等到王阿塗有了兒子，他同樣希望兒子王錫坤好好讀書，將來不再從事辛苦的做鼓行當。但到後來，王阿塗突然離世，家裏的鼓店無人打理，王錫坤是個孝子，不願讓父親創下的鼓店招牌和精湛鼓藝銷聲匿跡，便放下學業，在三十歲時從零開始學習做鼓。一晃三十歲年過去，王錫坤憑藉吃苦和勤奮不僅保住了「響仁和」的招牌，還打造出「響仁和」更高的品質和成績。

最近，王錫坤在製作一面定製的大鼓。這面大鼓是由山西五台山的一位百歲高僧定製的，鼓身高達一百七十五厘米，皮面寬一百七十厘米，至少要四個人才能合抱過來。王錫坤製鼓完全是人工，包括木工（鼓桶）、皮工（鼓皮）、鐵工（銅釘、鐵環）三種，具體分製作鼓皮、製作鼓身、紮桶、繃鼓、踩鼓、裝飾六個步驟。

第一步是製作鼓皮。鼓膜，俗稱鼓皮，分為台灣水牛和黃牛皮。水牛皮纖維粗糙，牛齡越老，韌性越佳，適用於經常性或長時間重力敲打的鼓，例如獅鼓、陣鼓。黃牛皮纖維較細膩、薄脆，適合製作放置在室內、短時間或輕輕敲打的鼓，如寺廟裏的廟鼓、誦鼓。

「牛死留皮」，鼓能替老牛延續多久的生命就要看匠師的技藝了。王錫坤在牛皮上畫好所需大小圓弧，切割後用八十五至九十度的開水燙洗，再用雙柄削刀慢慢削去厚厚的脂肪層，直至削出鼓皮厚薄。削皮的

過程客戶是看不到的，他把這當作是對自己的一個交代，這是對技藝的一份敬重，也是一份責任使然的莊嚴感。

削皮時，鼓面要薄，刀法要勻稱，音質才會準確，四周與繩索結合的地方製作精良才經得起繃鼓時拉扯的力量。此後將削好的鼓皮放在相同尺寸的鼓桶上，用人力把鼓皮拉緊，鼓邊部分暫時以釘子固定，然後曝曬乾燥成型。

接下來是製作鼓身。鼓身，俗稱鼓桶，首重木材的選擇，木材的軟硬、厚薄、乾燥程度都將決定鼓的聲音和壽命。響仁和鼓使用較多的是大葉楠木，這種材質在長期乾燥、熏烤防蛀及強力繃鼓的過程中，不易變形彎曲。不同以往，由於是高僧大德訂製的鼓，王錫坤精選的是上等花梨木，一百七十五厘米高的木材用了將近六十片，放在乾燥的室內自然風乾。

下一道工序是紮桶。紮桶又稱紮鼓身，將一片片修刨成向外彎曲狀的木材，紮成鼓桶。先在每塊木片的兩側塗上 AB 膠，早期使用尿素膠，待所有木片黏結完成後，兩邊先用捲成麻花狀的鐵箍固定，使膠粘得更牢靠。然後以鐵錐和木塊敲打鐵箍，使木片間的縫隙更緊密，鐵箍可防止鼓桶在敲打時開裂。紮好的鼓桶經過熏烤蒸乾多餘水分，防止鼓身日後變形。熏烤的過程可以殺死肉眼看不見的蟲卵，起到預防鼓桶蟲蛀腐蝕的作用。最後再用特製圓規畫出正圓，糾正鼓身。

工作了一天，王錫坤來到自家邊上的鼓文化館。二〇〇二年，王錫坤為紀念父親，在工作室隔壁成立了「響仁和鼓文化館」，並對外開放。館內陳列了台灣三大製鼓師蔡心匏、蔡寬諒和王錫坤父親王阿塗的作品，兼有來自非洲、泰國、韓國以及我國西藏、廣西等地的各色鼓類。這個小小的文化館，為台灣製鼓藝術留下珍貴文物見證。為推廣鼓文化

與工藝，他還親自導覽講解、不遺餘力。

每天下班之後到這裏走一走，是王錫坤的習慣。館裏存放着父親七十年前做的一面鼓，鼓聲依然渾厚。「鼓的聲響就像是爸爸在叮嚀，你要好好用心做，你不要辜負我響仁和這塊招牌。每天都是這樣子，每天都是這樣子。」

王錫坤傳承了父親的製鼓態度，堅持着每一個鼓的品質和誠意。

第二天，王錫坤準備進行第四步 —— 繃鼓。繃鼓程序直接關係到鼓的壽命，繃鼓也稱蒙鼓，是將鼓皮與鼓桶緊密結合。早些年，選取的是粗麻繩闖過鼓皮邊緣，接着套上圓木棍綁在兩根重疊的橫木棒上，靠人力在橫木棒間插入木塊，採用人工的方式繃鼓費時吃力。從王錫坤的父親王阿塗開始，製鼓師傅用千斤頂取代橫木棒。王錫坤調整好麻繩，千斤頂開始在下面加壓，這時必須相當的耐心，徒弟在師傅的要求下，緩慢且循序漸進地撐高一下，再放鬆一下。同時，慢慢藉助木尺輔助修正鼓面的圓弧度。

第五步是踩鼓。繃鼓完成後必須踩鼓，目的是調整鼓皮的鬆軟程度，維持鼓聲音質的穩定性，否則鼓皮在敲打一兩年後就會鬆軟，導致鼓聲變質，失去輕快的節奏和渾厚的響度。踩鼓時，鼓皮不能繃得太緊，踩下去時微微凹陷，人赤腳站在鼓面上，以全身力氣單腳向下，以腳跟在鼓皮上用力蹦，從邊緣向中間慢慢進行，不能太快或太急，平均地踩完整張鼓皮。每踩鼓一次，千斤頂就撐高一次，在一鬆一緊、一拉一放之間，反覆調整音質。與此同時，徒弟協助師傅調整千斤頂，反覆調整鼓面的圓弧度並調整音質。

偌大的鼓皮上，王錫坤不會放過每一個細節。他仔細檢查，發現有

一點點不均勻的地方，都會再次調整。鼓皮繃得越來越緊，製作鼓桶的木材經受着考驗，木頭太軟的話比較容易扭曲。「像打雷一樣！」王錫坤反覆調試了三個小時，大鼓聲音才讓他滿意。鼓的聲音調試不是一次完成，像這樣的反覆調試，王錫坤還要進行一個星期。他說，端詳一件工藝品的細處就知道工匠的認真程度、製作過程是否用心，細心是決定一個鼓品質好壞的關鍵因素。

做鼓的最後階段是裝飾，將裝飾用的銅環釘在鼓身，便大功告成了。為了提高鼓的美學價值，王錫坤非常重視鼓壁的美飾。他認為，現用有色棉紙增強鼓壁的色彩與質感是不能持久的，用生漆塗飾效果會更佳，因為時間越久，生漆越有光彩。為了學習上漆技術，雖已年屆花甲，王錫坤卻堅持每週六下午從工廠下班後，直接乘高鐵到台中，再換公共汽車到一個漆藝技術研究所學習，通過學習熟練掌握了漆畫技術。

「輕輕敲起了鼓，我一直覺得爸爸一直在跟我說話。傳統工藝就是要不斷學習、不斷地精進，就像台語裏有一句話，功夫不是三年五年就能學會的。」王錫坤這樣訴說着自己對功夫的理解。

響仁和有許多年輕學徒，都是從釘釘子、穿繩子等基本工作做起，但是同樣花了三五年學，有的人卻依舊做不好，問題就在於態度。學習態度好，即使技巧沒那麼成熟，但終究一定可以學成。

製鼓三十年，王錫坤對鼓聲也嚴苛要求了三十年。在他看來，「製作一顆鼓」和「製作一顆好鼓」是不同的。鼓最大的魅力在於聲音，一個鼓無論外表多麼絢麗，敲擊出的聲音如果是死的，就不是一個好鼓。所謂的好鼓，就是敲擊了二十年後顯現出的聲音仍必須是活的、澎湃的、真正讓人感動的，這就是響仁和的堅持。正因為這樣的堅持，響仁和的鼓不僅遍及全台灣寺廟，而且遍佈全球。

做鼓師傅王錫坤

王錫坤為定製的大鼓製作鼓身

繃鼓

調整音質（上）
王錫坤父親七十年前做的鼓（下）

存放着各色鼓類的「響仁和鼓文化館」

敬樹為神，與樹同生
—— 岜沙苗寨成人禮

● **地點：**貴　州
● **技藝：**省級非物質文化遺產代表性項目　岜沙成人禮
● **人物：**滾水閣　滾元拉

　　樹木是人類的朋友，中國人對樹木更是有着特殊的情感，千百年來的文化積澱，圍繞樹木形成了一系列獨特的禮俗。在中國黔東南，有一個叫岜沙苗寨的地方。岜沙，在苗語中意思為草木茂盛。岜沙苗寨，位於鬱鬱蔥蔥的山林之中，被稱為「中國最後的槍手部落」。

　　岜沙苗寨是地球上最神秘的二十一個原生態部落之一，這裏的人們敬樹為神，與樹同生同長。從行政歸屬上來看，它位於貴州省黔東南苗族侗族自治州從江縣丙妹鎮。這是一個純苗族村寨，土地面積約十八平方公里，由大寨、宰戈新寨、大榕坡新寨、王家寨和宰莊寨五個自然村寨組成，全村共五百餘戶，約兩千三百口人，主要由滾、王、粟、吳四

姓構成。

　　這裏至今仍完全保留着岜沙苗族獨特的衣着頭飾。女性上穿對襟無領無扣緊身小袖衣，袖口、衣擺飾以欄杆花和花帶，內繫蠟染圍胸，下着百褶裙，左右兩邊飾紅、綠、白布條，套蠟染腳籠，繫花帶下垂，所戴銀項圈多達十圈，粗大沉重。男子則上穿無領右衽銅扣青布衣，下着大褲管青布褲，常年身挎腰刀，腰間小腹部位繫繡花煙袋，長槍扛於肩上，短槍掛於腰間，火藥壺、鐵沙袋繫於腰間左側。

　　岜沙村寨的歷史超過五百年，這裏遺存着眾多明清以來的痕跡，保留着傳統的農業生產方式。村民們住在附山而建的吊腳半邊樓，主要種植水稻、玉米等農作物。他們在缺乏水源的山坡種植杉木，這是岜沙村民建房的主要材料。相對封閉的環境、自給自足的自然經濟、獨有的語言和心理素質，鑄就了岜沙苗族人獨特的民族性格和民族文化。

　　滾水閣是岜沙苗寨裏為數不多讀過書的文化人，他喜歡本民族的文化，被族人稱為未來的寨老。滾水閣的侄子滾元拉年滿十五週歲，滾水閣要為元拉主持成人禮。獨特的岜沙苗寨成人禮，二〇〇七年入選省級非物質文化遺產代表性項目。

　　岜沙成人禮，是岜沙男人必須經歷的人生洗禮，也是人生重大角色的身份轉換。如果沒有舉行成人禮，滾元拉就不被視為一個男人，在岜沙不可以參與一切成人活動。

　　滾元拉也想快點成人，成人後才能幫爸爸媽媽做苦力。儀式的舉行時間，一般在當年的秋末冬初。滾水閣和元拉的父親專門請本姓家族中的「鬼師」到家中作客，商定為男孩舉行成人儀式的具體時間和相關事宜。日期確定後，母親便開始為男孩縫製一套用於成人儀式上穿的新服飾。

　　成人儀式這天一大早，滾水閣就在寨子裏挨家挨戶籌集糯米，為成人禮做準備。

　　相傳岜沙人的祖先為躲避對手追擊，急需尋找藏身之處，岜沙森林庇護了他們，所以在岜沙人的心目中，樹木就是他們的生命，他們的神。他們一直崇尚樹，至今保留了許多敬樹愛樹的習俗。

　　根據習俗，在成人禮前，水閣要帶着元拉去告別他的生命樹。在岜沙，孩子一出生，父母就會栽下一棵生命樹，與小孩同生同長。生命樹跟這個孩子同生同長，逢年過節父母都要帶他去祭拜他的生命樹，關心它的成長就如同關心自己的孩子一樣。在岜沙人看來，生命樹如果被風颳倒或被誰砍掉，都是一種不祥的徵兆，他們會立即另外種上一棵。「我今天成人了，感謝你十五年來的陪伴。」滾元拉虔誠地對生命樹告別。舉行過成人禮，意味着生命樹已經把元拉帶成人了，他就可以不用去拜了。

　　除了生命樹，岜沙人還會為孩子指定消災樹，保護孩子健康平安。此外，岜沙人死後不設碑，不立墳，砍下自己的生命樹做棺木進行樹葬，在樹葬地點還會栽下常青樹。岜沙人將常青樹視為死者的生命，繼續在世間存在。一棵樹背後是岜沙的一個人，每一棵樹都是他們的祖先，所以岜沙人對樹特別地敬重。

　　成人禮上，請鄉親們吃一頓是必要的。滾元拉的父親在家中殺雞，備上米酒等食物。接下來要去捕捉稻田魚，魚的加入讓晚餐更加豐盛。在岜沙，有個傳統的説法，哪家小孩舉行的成人禮儀式上捕來的魚越多，他往後的日子會過得越好。

　　「我抓到魚了！」滾元拉開心極了。

　　捕完魚，滾水閣和元拉的父親去寨子裏找做槍的師傅為元拉做火槍。

　　岜沙男人自古刀不離腰，槍不離肩，至今仍被允許持有火槍。按照傳統習俗，元拉在成人禮上將被授予一桿火槍作為成人的象徵。元拉在舉行了成人禮後，滾水閣也將為他配上一桿屬於自己的槍。

　　成人禮定在下午舉行，儀式上有一項必不可少的程序 —— 鐮刀剃頭。元拉像岜沙所有的男孩子一樣，從一週歲開始，就只留頭頂一束頭髮。長了以後在頭頂紮成髮髻，發髻稱作「護棍」，象徵着保護大樹，這是岜沙男人傳統的髮型。

　　岜沙男人為什麼要留着「護棍」的頭式呢？這裏面有古老的傳說。

　　相傳很久以前，岜沙是一片大森林，深山裏常有猛獸出沒，老虎吃人是常有的現象，搞得人心惶惶，人們白天上山幹活都提心吊膽。有一天，這裏下起了傾盆大雨，河水猛漲，一個岜沙老人幹活回家看到河裏有個東西在拚命掙扎。老人以為是哪家的牛掉進河裏了，於是他放下手中的擔子，跳到河裏把牠打撈上來，並為牠燒火取暖。等毛烘乾後，老人定睛一看才發現是隻小老虎，便嚇得拚命往家跑。小老虎活着回到森林後，對森林裏的所有老虎說：「岜沙人太好了，是我的救命恩人！」牠把落難、得救的過程告訴了長輩們。此後，老虎們為了表示感恩，決定永遠不吃岜沙人。後來有一天，這個老人去周圍寨子喝酒，深夜回家在路上醉倒了。時值大雪，那隻被救的小老虎正好出來覓食碰見了老人，擔心老人被凍壞，便用自己的身體撲在老人身上以報答救命之恩。天快亮時，老虎託夢對老人說：「岜沙人好，老虎們決定不再吃岜沙人，請你們男子留髮髻，與其他人區分開來，免得被誤吃掉。」就這樣，岜沙男人養成了留「護棍」的習慣，並一路延續至今。

　　中午時分，元拉穿上媽媽做的青布衣。衣服象徵着美麗的樹皮，元

拉在等待着自己一生中最重要的時刻。

　　下午，元拉的親人們都趕來慶祝，滾水閣也請來了邑沙寨老為元拉
進行鐮刀剃頭。寨老用割草的鐮刀為元拉剃頭，剃掉頭部四周大部分的
頭髮，僅留下頭頂中部盤髮為霸髻。從這一天開始，這樣的髮式將伴隨
元拉的一生。

　　邑沙人崇拜樹，認為頭頂上的這一束髮髻象徵一棵大樹，把根深深
地扎在邑沙漢子的身上。為了讓這棵樹長得更加的茂盛，要清除掉雜
草，這樣人能夠像一棵樹一樣，沒有其他雜草的干擾，可以健健康康地
成長。

　　鐮刀剃頭之後，滾水閣為滾元拉授槍，標誌着滾元拉正式成年了。
一聲槍響，響徹苗寨。

　　槍聲在向祖先告明，邑沙苗寨又有一個子孫成人了。

●

岜沙森林中滾水閣帶元拉告別生命樹（上）

滾水閣挨家挨戶籌集糯米（下）

● 鐮刀剃頭

● 為準備成人禮捕魚

● 岜沙苗寨

媽媽給元拉穿上青布衣

一片丹心刻汗青
—— 留青竹刻

● **地點：**江　蘇
● **技藝：**國家級非物質文化遺產代表性項目　留青竹刻
● **人物：**徐春靜　國家級非物質文化遺產留青竹刻技藝市級代表性傳承人
　　　　　徐秉方　國家級非物質文化遺產留青竹刻技藝國家級代表性傳承人

　　中國是世界上竹子資源最豐富的國家，被稱為竹子王國，長江流域分佈着大片竹海。中國也是世界上最早使用竹製品的國家，人們認為竹子象徵中華民族堅強不屈的氣節和剛正不阿的品格。

　　在秀麗的江南，人們與竹為伴，用竹子進行藝術創作。地處長江之南、太湖之濱的江蘇常州，是一座有着三千多年歷史的文化名城，這裏盛產毛竹，人們就地取材，創作出聞名中外的留青竹刻。

　　留青竹刻，俗稱「皮雕」，是一種用竹表青筠雕刻紋飾、以竹肌為地的淺浮雕技法。留下竹子表面的竹青層，鏟去圖案以外的竹青，露出

竹肌層作為畫面的底色。在淺薄如紙的青筠上，能工巧匠們刻畫出花卉蟲鳥、珍禽走獸、遠山近水、人物肖像以及草隸篆等題材。竹青層、竹肌層色澤不同，這種區分讓畫作呈現出水墨畫般的濃淡層次、明暗差別。竹青筠色潔如玉，色淺微黃，竹肌則顯露自然紋理，色深如琥珀。年深月久，色澤差異愈加分明，形成由淺至深、自然退暈的特殊效果。

根據記載，這種表現形式獨特的竹刻藝術，起源於唐代，最早裝飾在扇骨、茶葉筒等竹製器具上面，多為花紋圖案，層次感不強。目前所見最早的留青竹刻實物是收藏在日本正倉院中的唐代樂器「尺八」，又名豎笛，表面佈滿飛鳥、樹木、彈琵琶者、摘花者及仕女等紋飾，刀法稚拙，尚在初級階段。

明代後期，竹刻藝術家常州府的張希黃創新發展了前人的刻法，突破了舊有的平面圖案形式，使用陽文淺浮雕技巧，使竹刻與書畫藝術結緣，達到了筆墨神韻和雕刻趣味兼備的藝術境界。張希黃的竹刻，成為晚明時期留青技法的典範，至今上海博物館還保存着他的傳世代表作 —— 山水樓閣筆筒。

從明萬曆年起，嘉定竹刻和金陵竹刻享負盛名，可惜到了清末，這兩種竹刻藝術開始衰落，反而是原本算不上江南竹刻中心的常州，傳承了張希黃的留青竹刻一脈，憑藉出色的成就在清末開始獨佔鼇頭。

千百年來，留青竹刻的呈現形態主要有台屏、掛屏、鎮紙、筆筒和臂擱等品種，代代相承。二〇〇八年，留青竹刻入選國家級非物質文化遺產代表性項目。

徐春靜，是常州徐氏留青竹刻的第三代傳承人，也是國家級非物質文化遺產留青竹刻技藝市級代表性傳承人。

　　常州竹刻，有徐、白兩派，徐門寫意，白門寫實。徐春靜的爺爺徐素白是徐派創始人，父親徐秉方幼承家學，專攻留青，是留青竹刻技藝的國家級代表性傳承人。徐秉方的竹刻表現形式依內容而變，有時工整，纖毫畢現而無工匠氣，如昆蟲的鬍鬚、禽鳥的細羽、人物的眉髮等；有時寫意，淋漓瀟灑而大氣浩然，如粗枝橫斜的樹幹、煙波浩渺的江面、翩翩起舞的衣袖等。徐秉方最令人稱道的是留青山水，雲山疊疊，霧凇層層，變幻莫測，令人叫絕。著名文物鑒賞家、學者王世襄曾評價其竹刻：「當今中國竹刻，無愧於古人的只有留青，而當代留青是以徐秉方的水平為最高。」

　　徐家世代刻竹，到徐春靜這裏，刻刀始終沒有停歇。十三歲時，徐春靜就拿起了刻刀，當地的人都稱她為竹刻仙子。十九歲時，徐春靜當上了空姐，但只幹了七年，她就辭職回家了。許多人不能理解她為什麼要辭職，戲言總不能靠畫畫養活自己。徐春靜不管這些，她堅定地認為人生所追求的就是要把這個竹刻留青刻好，哪怕一碗稀飯，能吃飽就行。辭職之後，徐春靜以竹刻留青為生，二十幾年一晃而過。在日復一日與竹相伴的過程中，她刻竹找竹，樂在其中。

　　十二月的最後一天，徐春靜和父親徐秉方去山裏採竹，為明年竹材做準備。

　　溧陽南山竹海毛竹面積廣達萬頃，是徐春靜採竹的首選之地。留青竹刻的取材要求近乎苛刻，按照父親徐秉方的採竹經驗，選竹要選取三至四年生的臘月毛竹，過嫩的竹子過於疏鬆不夠堅硬，過老的竹子又紋理粗糙，不適合後期的精雕。所選的竹子不能施過肥，竹皮光潔平滑、沒有蟲斑，竹節較長，竹質堅實緊密，這樣的竹子才適合竹刻。此外，

選竹最好選背陰的山地之竹，背陰的竹木生長緩慢、竹質緊密堅韌、蟲害少。沿着這嚴格的標準，有時在上千棵竹木中，僅能選出三五棵合適用作刻竹的材料。

爬過三座山之後，在一個人跡稀少的山溝裏，徐春靜發現一根不錯的竹子，山裏這樣大的毛竹沒有幾棵。隨後，徐春靜和父親小心翼翼地將竹子運回去，運送的過程並不容易，但她説寧可自己受傷也不能讓竹皮受一點傷。

傍晚下山的時候，下起了小雨。姐姐徐文靜已經等候在山下，為防止竹片出現水印和蟲蛀，砍下的竹子要連夜煮出來，稱之為「煮青」。採好的竹子被截成一片一片後，竹片放在沸水中煮約二十分鐘。待所有的雜質浮於表面，便從沸水中抽出竹片，快速擦拭竹片表面黑色的油脂以防止其凝結。這個過程充滿挑戰，竹節從沸水當中抽出來時溫度很高，他們的手上常常會燙出水泡。

凌晨一點，父女三人才將上百片竹子煮好擦完。擦好的竹子次日早上要運回家晾曬陰乾，竹片不能被雨及露水淋濕，也不能放在陽光下暴曬，否則竹片表裏乾濕不一，會導致收縮不一致而開裂。晾曬陰乾的竹子，在空氣中自動氧化，竹底會越來越紅，竹筋若無雜質也會又紅又透，竹肌年代越久顏色越深。

儘管竹子已經是精挑細選，但在長達兩年的晾曬過程中，百分之三十的竹子還是會因為開裂而被淘汰。

採竹之後第二天，徐春靜開始在竹片上雕刻。

竹刻留青的雕刻複雜而細緻，主要有整形、描圖、切邊、鏟底、打磨這幾個步驟。先將竹材製成長方形的臂擱、掛屏及筆筒等各種物件，

打磨光滑，稱為整形；接下來，將書畫稿描印在竹面上或自畫，稱為描圖；然後將表面圖案的形狀按邊線用一定的角度分垂直、傾斜、弧形等手法切出，稱為切邊；在同一層面將切邊後的邊緣鏟刮，稱為鏟底。

徐春靜手上的竹片是兩年前儲備的，竹子分為竹皮、竹肌、竹黃三部分，她要用各種刀具在不足零點一毫米的竹皮上雕刻圖案，鏟除圖案之外的竹皮，露出竹肌為背景。在心中有了竹刻的整體造型和佈局以後，徐春靜開始勾勒外輪廓線。竹刻創作不僅要注重畫面的內容與構圖，同時還要善於利用竹子自身的肌理與美感，這樣才能更完美地體現出竹子自身所具有的古樸。

徐春靜開始運刀雕刻。在竹刻的製作過程中，刀的運用至關重要，一是用刀的力度要均勻，用力過猛則容易溜刀和跳絲，二是需要各式刀法左右穿插，有陰有陽，綜合處理畫面的層次感。接下來是切邊鏟底，去掉底面的竹青，突出刻畫的物象，同時要注意繪畫的筆觸，體現出墨色的變化。

留青技法與中國書畫密不可分，中國畫的筆墨神韻淋漓盡致地融入到竹刻作品中。在留畫的地方多留一點，少留一點，虛虛實實，跟中國畫相結合，刻出來的作品自然也有了中國畫的墨韻。

竹刻的書法部分要求邊緣流利挺括，底面留青均勻平滑，竹筋通直，繪畫部分則根據筆墨的濃淡、深淺、虛實來決定竹青的全留、多留、少留甚至於不留。徐氏家族一直把書畫當作必修課，初學竹刻時，徐春靜的父親就曾告誡她，要在留青竹刻上取得很高的水準，必須在書畫上下功夫。

對於書畫功夫，徐春靜說：「一幅中國畫，你要通過你的刀來表現以

後，它就是一件精美的藝術品了，其實當大家看到我們一件成功的藝術品擺在面前的時候，在這之前，我們已經花了好多道工序，花了好多的艱辛在上面了。」

刻刀痕裏飄墨香，但留青筠出精微。一件留青竹刻的精品歷經採竹、煮青、雕刻三個階段的工藝，一般需數月甚至幾年時間才能完工，大件複雜的作品則需要耗費更多的工夫。

徐春靜的父親徐秉方刻了一輩子竹，一輩子以刀代筆，以竹為紙。如今，徐春靜和姐姐文靜開始教徒弟刻竹。

在父親的眼裏，每一個孩子都是一根青竹，把他們培養好，竹刻行當就後繼有人了。

傳承人徐秉方和徐春靜

在山裏選竹（上）

用於留青竹刻的刻刀（下左）

留青竹刻作品（下右）

竹刻作品猶如中國畫的墨韻虛虛實實（上）

徐秉方一家和學徒們（下）

第 **4** 章

民族的文化品格

　　水，孕育了人類文明。從遠古的祖先們開始，逐水草而居，依河流兩側安家，人類的四大文明古國，無不以水而建，因水而興。

　　中國是一個水資源豐富的國家，兩千多年前，中國哲人老子就說出「水，利萬物而不爭」的名句，了解到水的特性「天下莫柔弱於水，而攻堅強者莫之能勝，其無以易之」。歷史上的大禹治水，李冰監造都江堰，靈渠、大運河，直到當代中國的紅旗渠、三峽工程、南水北調，中國這方水土上，流傳着數不清的與水相伴的傳奇。

　　對水性的掌握和駕馭是創造美好生活的開始，無論是製作羊皮筏子，漂在黃河浪尖謀生活的筏工，還是以水為媒，釀造出人間美味的先市醬油，抑或是熬製草藥，洗浴、飲用，甚或是在乾旱的西北建設水窖以解決飲水問題，無不說明一點，水在人們的生活中不可或缺，意義深遠。

　　盈盈一水三千年，秋水伊人已難分。這些用手藝養活家人的男男女女，積土為山，積水為海，不僅創造出千千萬萬用水的手藝，還從水的身上，尋找到「上善若水」的文化品格，形成中國人謙虛、內斂的民族性格。

　　可以預見的是，在綿長的中華文明史上，中國人與水的和諧交融，將會山長水遠。

遇大浪，走浪尖
—— 黃河上的羊皮筏子

● **地點**：甘　肅
● **技藝**：省級非物質文化遺產代表性項目　羊皮筏子
● **人物**：李迎賓

景泰縣龍灣村，一座位於黃河上游的村落。

村口就是黃河，從青藏高原發源，全長五千四百多公里的黃河，奔流過龍灣村一帶，水流湍急，危機四伏。在這裏，黃河像龍一樣盤出幾道灣來，村子也因此而得名。

一面是黃河，一面是石林絕壁，過去龍灣村走向外部世界的唯一通道就是黃河。羊皮筏子，成為了龍灣村祖祖輩輩的主要交通工具。這種古老的水上交通工具，在唐代以前叫革囊，是黃河三筏（牛皮筏、羊皮筏和木筏）中最輕便的筏子。它小而輕，吃水淺，十分適合在黃河上行駛。不管是在水深四十公分的淺灘，還是在怪石聳立、河面寬窄無定、

河水深淺不一的黃河激流中，都能大顯其能，被稱為「黃河上的天之驕子」。

黃河流域上的羊皮筏子，分大、小兩種。最大的皮筏由六百多個羊皮袋紮成，長十二米，寬七米，六把槳，載重量多達二三十噸，這種皮筏一般用於長途水運。大羊皮筏當年從蘭州出發，每天順流行進二百多公里，十二天便可以抵達包頭。小皮筏，一般用十多個羊皮袋即可紮成，適於短途運輸，主要用於由郊區往市區送運瓜果蔬菜、渡送兩岸行人等。

羊皮筏子的製作原理很簡單。把羊皮整個扒下來，把四條腿和兩頭一紮，用嘴吹滿氣，成為一個氣囊。十幾隻這樣的氣囊拴在一起，上面再綁一個大木架子，就可以載人了。筏子上的木頭，用既防腐又有韌性的柳木做成。此外，為了防止羊皮囊漏氣，皮囊內要放胡麻油。放的時候用嘴含一口油，對着一條羊腿的那個孔吹進去，為了保證紮口不漏氣，往往還要放點鹽水。

李迎賓是龍灣村村民，也是龍灣村開羊皮筏子的筏工。他生長在黃河岸邊，三十多年來，一直在黃河上划羊皮筏子。

這一天，李迎賓要把剛收的一批蘋果、大棗、羊毛，運到最近的集市黑山峽去。其實，前些年村裏已經通了公路，運送貨物完全可以走陸路。但李迎賓覺得黑山峽只有七十公里，用不着花錢租車，還是用羊皮筏子合算。

李迎賓的羊皮筏子個頭不大，由十四個皮囊組成，適合短途運輸。穿過大片高過人頭的玉米地，筏隊的六位師傅扛着羊皮筏子來到黃河邊。

「師傅們，準備好了沒有？」「好了！」

「準備開筏！」「走！」

隨着李迎賓的一聲令下，六隻羊皮筏子如黃河上的點點沙鷗，浮游而下。

「使勁地划，貨郎東啊，大家留神啊！坐好坐好。」李迎賓的筏隊剛出發不久，就來到一個叫貨郎東的地方。很多年前，有個貨郎在這裏筏翻人亡，從此這裏被叫做貨郎東。

「你從中間過，不要從兩邊過，兩邊把你旋進米。」原來，河面出現了兩個大旋渦，筏子很容易旋進去。一旦旋進去了，就會一圈兩圈地打轉，再想往外划出就非常費勁兒了。一番掙脫，大家順利地渡過了貨郎東。此時，李迎賓回頭望了一眼，一筐棗還是不可避免地在貨郎東的旋渦裏打翻了，四處浮散。

黃河的水千姿百態，剛剛渡過旋渦水急的貨郎東，河面又變得寧靜平緩，水的深度也淺了很多。然而，淺水之下，卻是危險的暗礁，羊皮筏子在這裏很容易被劃破。

太陽過了中午，他們準備靠岸休整。

「來，一二三！來，使勁拖！」李迎賓指揮着師傅們，齊力把羊皮筏子拖上河岸。就在這時，李迎賓發現一個皮筒子癟了。一位師傅把那個破了的皮筒子從筏子上卸下來，隨即拿出一張粘皮子，擼展。

「這個羊皮就是那種山羊羊皮，我們就說公羊皮嘛，就是羊的歲數越大，年代越久，這個皮子它就厚，結實。」師傅介紹着羊皮的特性，又一針一針地把這塊皮補在破口子上。

為什麼用麻繩子補呢？皮筒子豈不是多了更多的針眼？原來麻繩遇水就膨脹，會變得越來越緊。

皮筒子修補好後，李迎賓對着一條羊腿的孔吹氣。舊時，黃河兩岸的筏工很多，常用嘴對皮囊吹氣。所以當聽到有人誇海口、説大話時，當地人往往以「請你到黃河邊上去」來譏諷對方，意思是到黃河邊上吹羊皮囊或牛皮囊，俗語「吹牛皮」即源於此。不一會兒，皮筒子已鼓得滿滿當當。李迎賓拋擲了幾下，試試它還漏水不漏水。「師傅，你看，這個疤子不漏了，你看。」説完就把皮筒子固定回筏子上去。

「快點，做飯了。」李迎賓和師傅們拿出鍋碗瓢盆和食材，張羅起一頓河邊午餐。

短暫休息後，李迎賓的筏隊再次出發了。他自己常説，當筏工的生活特別累，特別苦，但就是自由自在，人快樂。遇到煩心的事，在家裏淘氣了，老婆罵了，他覺得不舒服的時候，划一趟羊皮筏子，唱唱歌，漂漂浪頭，人就特別開心。

下午出發不久，筏隊來到觀音崖。觀音崖宛如一個巨大的屏風，橫插在黃河中心，既改變水流的方向，沖出大大小小的旋渦，又改變風的方向，形成空氣亂流，這讓李迎賓的筏隊更加危險。

「坐好！」李迎賓提醒着同行的師傅們。筏隊在黃河上最怕的是風，一般四級到五級風都不怕，怕的是六級以上的風。「把你捲到山崖、峭壁地點，把你碰翻了，風對抗不過，人畢竟能力是有限的。」筏工畢竟力量有限，划不動時就容易被風捲跑。

「後面的加油，注意安全！」

李迎賓説，與大風抗衡也有技巧。首先，每逢大的浪，一般要將槳把好，不把好，一划筏子就會被窩在大風大浪裏面。其次，要往筏子的後面坐，把浪頭撥好。怎麼撥好浪頭？李迎賓的祖輩相傳着一句話：「遇

大浪，走浪尖。」就是把浪尖打平，槳順着浪尖划下來。因為浪尖旁邊的水是一個槽，從旁邊上，筏子就會被打翻了，必須從浪尖上走。

「卸貨！」傍晚時分，李迎賓的筏隊到達黑山峽，卸下貨物，收起皮筏。皮筏只能順流而下，不能逆流而上，有「下水人乘筏，上水筏乘人」之說。

李迎賓準備將筏子存在附近的村子裏，第二天賣完這批蘋果、大棗和羊毛，背着筏子就回家！

「輕似沙鷗水上浮，隨波一刹過前州。夕陽散盡山村客，負筏人歸月在頭。」古人對黃河上的羊皮筏子習俗有着生動描寫。千百年來，就是像李迎賓這樣的筏工，一代又一代地在黃河上討着生活。

「我們這一帶的農民就靠這個黃河，吃的黃河水，用的黃河水，沒有這點黃河水，我們龍灣人跟別的村莊錯不了啥！所以我們好就好在這個黃河，你看我們這些農民，不管搞啥子，都離不開黃河。」李迎賓望着養育了自己祖祖輩輩的母親河，訴說着。他有四個孩子，都已經長大成人，去了城裏打工。孩子們都想把他和老伴接到城裏，他卻一直不去。

他說：「捨不得自由自在的筏工生活。」

一句「捨不得」，講出了李迎賓的心聲。人世間有太多難以割捨的情感，這黃河上傳承了千百年的羊皮筏子風俗便是其中之一。

正是李迎賓們的依依不捨，讓羊皮筏子始終在黃河水上漂流，始終沒有漂離人們的視線。

●

羊皮筏子

筏隊經過旋渦水急的貨郎東

黃河流域上的筏隊

補好的皮筒子

日曬夜露，生態交融
—— 先市醬油

● **地點**：四　川
● **技藝**：國家級非物質文化遺產代表性項目　醬油釀造技藝
● **人物**：陳思維　國家級非物質文化遺產醬油釀造技藝省級代表性傳承人

　　長江、黃河，兩條大河和她們大大小小的支流，構成了中國最主要的水系。長江上游的支流赤水河，人稱「釀造河」。這條河發源於雲南省鎮雄縣，全長五百公里，跨越一千五百多米的落差，從雲南的高原地貌到達四川盆地，在瀘州市合江縣匯入長江。優質獨特的赤水河水，釀出了茅台、郎酒、瀘州老窖等數十種酒中神品，也孕育了飄蕩千年醇香的先市醬油。

　　先市鎮地區海拔二百八十米，屬亞熱帶季風性濕潤氣候，年均氣溫18.2℃，年降水量1184.2毫米，無霜期三百五十七天。這裏氣候溫和，日照充足，雨量充沛，四季分明。當地土壤為濕土土類，屬於高肥力土

壤類型。所有的一切要素融合起來，讓這片獨特良好的自然環境盛產高蛋白的大豆，這為傳統醬油釀造提供了營養充足的主要原料。

先市這裏同樣盛產精竹，為醬油釀製技藝的關鍵用具諸如「秋子」（曬露缸的圓錐形竹簸）等，提供了豐富的原材料。當地的水文地質為可溶性砂岩為主的裂隙孔洞水，地層澆層水質為重碳酸鹽型水，利於飲用灌溉，為醬油釀造提供了最優質的水源。種種因素薈萃在一起，構成了先市鎮得天獨厚的自然地理條件，釀造了先市醬油的千古醇香。

先市醬油傳統釀造技藝，始於漢，興於唐，清代先市清醬發展為「豆油」，至光緒年間，醬油生產由家庭自釀向作坊釀造發展。「先市豆油，仁懷醋」，成為川南黔北渝西地區居民爭相搶購的上等調味品。

悠悠歲月的淘洗，使先市醬油形成了一套獨特的釀製技藝，世代相傳。陳思維，是先市醬油的第五代傳人，也是國家級非物質文化遺產先市醬油傳統釀造技藝省級代表性傳承人。五十多歲的他，從小生活在赤水河邊，醬油是他非常熟悉的生活必需品。

跟隨着陳思維的身影，我們一起揭開製作醬油完整的工藝流程。

第一步是浸泡大豆。先市醬油特選赤水河兩岸生產的黃豆，因為它的蛋白質含量比較高。泡豆子的水也有講究，陳思維把這些豆子用赤水河的水充分浸泡。通常，夏天浸泡三個小時，冬天浸泡五個小時。

之後是蒸燜大豆。浸泡後的大豆，放入木甑裏蒸十二個小時。蒸煮也有技巧，蒸的過程中要保持武火，切忌「閃火」，以保證大豆均勻熟透。此外，該蒸多少時間，放嘴裏一嚼，若口感是「沙」了，就可以了。當看到豆子顏色變深後，便停止燒火，再燜十二個小時，使大豆在高溫狀態下自然降溫，直至豆皮脫落、豆瓣分開。

　　緊接着，是出甑攤涼、混合麪粉，為稍後的製麪作好準備。蒸燜過的大豆放在料台上攤涼，冷卻至 35℃左右。涼攤之後，再拌麪粉。混合大豆與麪粉講究「輕」「勻」，既免搗爛大豆，又使混合均勻。若不拌麪粉，製麪時微生物就產生不起來，更活躍不起來。

　　製麪的環節尤為重要。陳思維將拌好麪粉的大豆放進製麪室。兩天後，大豆上開始長出白色的絨毛。這些菌種不是人工製成，而是赤水河邊獨有的野生菌種。赤水河岸邊自然環境獨特，水質、溫度、濕度以及日照的時間、強度都很適宜，空氣中天然生成大量豐富的有益菌種，為製麪發酵提供了天然的有利條件。

　　在製麪過程中，溫度掌控最為關鍵。

　　陳思維沒用溫度計，僅憑手板、手背，去感知和掌握大豆的溫度。溫度高了會燒麪，微生物就產生不起來，活躍不起來。太低了也不行，太低了要生火，把溫度升高。

　　溫度的及時調整，有效保障了微生物的生長。待白色菌絲長滿以後，再保溫五天，菌絲便逐漸變成了綠黃色。製麪後，將盛好的豆移入通風透光的晾房，放置十五天，保證酶衣完全成熟。至此，製麪大功告成。

　　接下來要移麪入缸。陳思維將製麪完畢的豆子倒進曬露缸，加入百分之十八至二十鹽濃度的水，均勻攪拌。這些黃豆，靜靜地躺在六百多口具有百年歷史的醬缸裏，即將迎接一項莊嚴的儀式 —— 日曬夜露。

　　「因為黃豆曬過三年多才成熟，才成了醬油。如果說是曬了一年兩年，它沒有醬香味的，沒有成熟。」陳思維說，日曬夜露是醬油釀造中時間最為漫長也最需依靠自然的環節。一般需要持續三年，好的醬油則多達四五年，甚至更長。在這一過程中，稀態鹽水自然轉化為固態。

在赤水河邊一個約四十五度的緩坡上，數百口醬缸戴着圓錐形竹簽，排成整齊的方陣，接受着大自然的日曬夜露，形成赤水河畔一道獨特的風景。這裏所用的曬露缸，用竹蓋而不用塑料等現代材料，既防水，又利於夜露。同時，恰到好處的自然坡度，特別有利於白天接受更長時間的日曬。赤水河剛好在先市鎮起了一個彎，形成回水沱，曬露缸可以吸收更多夜露。

每日清晨，太陽剛從赤水河對岸升起，便直射河畔緩坡上的曬露缸，河水水氣受熱，蒸發升空。夜晚，水氣冷凝，降落在曬露缸的醬坯裏。這樣得天獨厚的自然環境，促成微生物活力酶分解，為先市醬油奠定了獨特的風味。

經過一千個日日夜夜，醬坯成熟。此時，放入秋子，醬汁經秋子浸出，用澆提（楠竹製成的舀取工具）在秋子內舀出醬油。秋子浸出採用「一泡二轉」技藝，即以 60℃的鹽水將固態醬坯浸泡，浸泡過程中使醬汁澄清。

從秋子取出不同層次的醬汁，通過「眼觀色澤，鼻聞香氣，口嘗滋味」的方式，勾兌出不同風格和級次的產品。再採用「鍋煮滅菌法」滅菌，滅菌後出鍋冷卻，盛入容器密封（防止二次污染），在靜置狀態下儲存五六天，然後包裝成品。

到這裏，醬油就算是釀造成功了。一千斤黃豆，才能釀出八十至一百斤醬油。理解了繁複的釀造工序，也就突然理解了醬油之所以叫「油」。醬油一滴一滴從多年發酵的醬坯中滲出來，可以說是油一般珍貴。

隨着生產、生活的發展，傳統釀造醬油受到現代配製醬油的強烈衝擊。先市醬油釀造技藝程式講究、生產週期長、產量低，因而在激烈的

市場競爭中，生存空間越來越小，傳人越來越少，現已高度瀕危，亟待搶救。

傳統的釀造技藝，保證了先市醬油醬香濃郁、色澤棕紅、體態澄清、味道鮮美的獨特風味，絕非普通醬油所能比擬。先市醬油釀製技藝，集赤水河流域和川南黔北渝西地區醬油作坊之大成，以其精湛的手工釀造技藝，成為區域食品文化傳統的代表，是赤水河流域醬油技術、醬油文化乃至飲食文化的典型。

陳思維的生活，就遊走在河水與醬油之間。這樣的生活，他打算一直繼續下去：

「能夠做好長時間，就做好長時間。他們全部都做得來了，我放心了，就不做了。幹不動了，就不做了。」

傳承人陳思維（上）
醬油釀造中時間最漫長的
環節 —— 日曬夜露（下）

●

倒進醬缸（右上）

大豆拌上麵粉製麴（右中）

將大豆放入木甑裏蒸（右下）

純淨而神聖的洗浴
—— 瑤浴

● **地點：**貴　州
● **技藝：**國家級非物質文化遺產代表性項目　瑤族醫藥·藥浴療法
● **人物：**趙財現　趙成富

　　從江縣，位於貴州省黔東南苗族侗族自治州苗嶺山脈南麓與南嶺桂北九萬大山地帶。中國有句老話，山有多高，水有多高。在貴州省從江縣，最高處的稻田，海拔高達一千一百二十米。灌溉這些稻田的，都是山裏滲出來的泉水。遠遠望去，山水已融為一體。這裏的人們不僅利用充沛的水資源種植水稻，還發明了一種獨特的洗浴方式 —— 瑤浴。

　　從江造就了瑤浴，瑤浴離不開從江。這一習俗到底源於何時何地？現在已經無從查考。按照祖祖輩輩口口相傳的說法，從盤古開天地時，瑤族人便學會了瑤浴。自古以來，具有獨特地理氣候的月亮山區，給各種生物的生長和各類植物的繁衍創造了得天獨厚的自然條件。

　　茂密的原始森林裏，雲霧繚繞的群山深谷中，生活着瑤族分支 —— 過山瑤（板瑤）。千百年來，他們居住於深山密林之中，遊耕於高寒山區，與瘴氣、寒氣打交道，加上氣候多變，毒蛇、毒蟲侵襲，防不勝防。自然環境有限，所以當地常年缺吃少穿，缺醫少藥，生活十分艱苦。為在這極其惡劣的環境中生存下來，瑤民上山採摘月亮山中野生中草藥，用於防病治病和保健身體，由此創造出獨具民族特色的醫藥衛生保健文化。

　　瑤族藥浴，瑤語稱「繞身哩」，是其最主要的醫療保健方式。瑤族群眾千百年來與山草藤木相處，經過無數次實踐應用形成了這一千古良方，二〇〇八年瑤族藥浴入選第二批國家級非物質文化遺產名錄傳統醫藥項目類別。

　　瑤浴，從用藥途徑上屬於外治法，將浸泡法與熏蒸法相結合，以多種植物藥配方，經過燒煮成藥水，將藥水放入杉木桶，人坐在桶內熏浴浸泡，藥液通過人體毛細血管和經絡，滲透五臟六腑和全身經絡，具有祛風除濕、活血化瘀、排汗排毒的功效，從而達到防治疾病和保健身體的作用。據研究，它對風濕疾病、傷風感冒、婦科炎症、皮膚病等有明顯效果，無病者藥浴能消除疲勞、去垢潤膚、促進睡眠、調節內分泌、提高免疫力、增強人體機能、延年益壽。

　　這天，從江縣高華村要進行一次隆重的瑤族藥浴儀式。

　　高華村，瑤語稱「務窩」，是從江縣翠里鄉最早的瑤村，按家譜推算已有十三代人，數百年歷史。這裏是翠里鄉最高的瑤寨，海拔八百米以上，霧罩天氣居多，春冬季節比較寒冷，是從江縣的高寒區之一，草藥資源豐富。泡洗藥浴，早已成為高華村瑤民的一種生活習慣。

「我是趙財現，我在這個地方生長下來，現在已經有三十年了。」趙財現小的時候，家裏沒錢供他讀書，這一直是他最大的遺憾。這天是趙財現的兒子一歲生日，他想隆重地給兒子過生日，希望兒子長大完成自己未了的心願，學習更多的知識。趙財現表達心願的方式，就是準備給兒子洗一次傳統的瑤族藥浴。

一大早，趙財現和家人們開始了準備工作。

瑤族藥浴，需要純淨的泉水。從大山深處的水源地到趙財現家，長達兩公里。為了保證水的純淨，他們不採用人工取水，而是全程都用竹子架設水道，當地稱之為「水梘」。瑤族兄弟們就地取材，砍伐了數叢楠竹，再將楠竹對剖，打掉竹節，首尾含接，盤山而下，一直架到趙財現家的房屋前。

就這樣，最純淨的山泉水從石澗間直接引到了家中，一路竹筒裏清澈的水流，成為瑤寨最獨特的風景線。

趙財現砍竹子的時候，村裏的瑤醫趙成富正前往懸崖找藥。

瑤族藥浴是瑤族祖先獨創、族內獨有、傳內不傳外的保健良方。由於瑤族沒有自己的文字，瑤醫藥的傳錄方式全靠口耳相傳、指藥傳授、指症傳經，在本民族內部自成體系。一次藥浴所用的草藥，少則幾種，多則上百種。瑤族藥浴所用藥物因地制宜，功能多種多樣，常根據不同季節、不同對象及不同疾病，選擇不同的藥物配方。

通常新生嬰兒和產後婦女多用溫補消炎的草藥，以預防感染、滋補氣血、促進產婦子宮修復。這種產後藥浴被稱為「月裏藥浴」，經此調養的婦女產後十天就能上山參加體力勞動。再如，老年人藥浴多用活血溫補之藥，以促進機體新陳代謝，保持旺盛的生命力。

　　如今，高華村瑤民進行一次正式的瑤浴一般也要七八種中草藥。村裏的瑤醫趙成富仔細地下到懸崖下，搜尋着草藥。「我在懸崖上，看到下面很高，感覺心慌、冒汗，就是害怕。我特意到縣城買一根專業的繩索，套在懸崖上的大樹兜，才慢慢踩着下去，有個地方落腳，就站在那裏。」採藥草時，趙成富帶着鐮刀和小鋤頭，大部分草藥是採集枝葉，少部分是採集皮或根莖。

　　瑤族老人説：「大自然是主，人是客。客主和睦，主好客好住，客主不和客就捱餓。靠山吃山莫傷其本，靠水吃水莫損其源。讓水常綠，讓山常青。」瑤民把採藥稱為「求藥」，採藥有瑤規。一年只准採一面山，來年再採另一面，每隔三五年才能再次在同一個地方採藥；上山採藥時，每採一枝一葉，都要放幾顆米粒，意為公平「買賣」；煮剩下的藥渣，不燒不拋灑不踐踏，而是埋入山土，回歸自然。正是這崇敬自然、善待自然的生態倫理觀，才有了大山源源不斷的草藥供給，才有了瑤族藥浴的千百年不息的傳承。

　　傍晚時分，趙成富從山上下來了。「我下到懸崖，討到四種藥。」趙成富用瑤語念着這四種瑤藥的藥名。瑤浴藥材的名字口口相傳，因而只能用瑤語説出藥材的名字。

　　瑤族婦女們開始在廚房忙碌起來。

　　瑤族藥浴使用的工具十分考究，主要用燃柴灶，瑤族稱為「大灶」，還有大鍋一口，用於煮藥浴水。木桶是最佳的洗浴工具，由紅杉木製成，高 1.3-1.4 米，寬 0.7-0.8 米，桶底側有放水的開關木塞，桶箍是竹篾製成。他們相信，只有木桶才能讓藥草的功效更好地進入人體。

　　草藥的燒煮技術、洗浴時間及放入草藥的先後順序也是一門學問。

先把配備好的各類草藥洗淨泥沙，清泉水注入大鍋，再把草藥先根後枝
再到葉放入大鍋，切不可順序倒置。生火煎煮半個小時後，藥草的香氣
開始散發，檢查藥水濃度合適後，舀入木桶。用手試試浴水溫度，水溫
在 40℃左右合適，太熱則摻拌清涼藥水。通常，瑤族藥浴浸泡半小時左
右，瑤浴的順序遵循先客後主、先老後幼、先男後女的傳統。在一定程
度上，瑤族藥浴是瑤族維持和諧社會關係的一個紐帶。在趙財現和他的
鄉親們看來，瑤浴有儀式般的莊重與神聖。

　　一次傳統的瑤族藥浴開始了。趙財現的兒子被莊嚴地抱進浴桶，先
是站着擦浴全身，接下來坐在桶底浸泡半小時左右。

　　「我們瑤族祖祖輩輩都在這個大山裏面生長，老人家他們洗澡之後，
覺得這個瑤浴好，我們都沒去別的地方，都一直在這裏，上千年的歷
史。都在這裏住下來，這個瑤浴好。」趙財現說道。

　　他們相信，純淨而神聖的瑤族藥浴，會使孩子消除災病，健康成長。

　　小家夥興奮地揮舞着雙手，濺起了水花。

俯瞰從江縣稻田

瑤醫上山採藥

燒煮用於瑤浴的草藥（上）
將藥水舀入木桶，用木桶泡澡（下）

砍竹引水

歷經滄桑，苦澀回甜
—— 王澤邦涼茶

- **地點**：香　港
- **技藝**：國家級非物質文化遺產代表性項目　涼茶
- **人物**：王健儀

香港廣東一帶，地處中國大陸南部，屬於亞熱帶氣候，全年氣溫較高，炎熱的夏季長達七個月之久。加上當地河流縱橫，水汽上蒸，使得嶺南一帶炎熱多濕，人們容易濕熱生病。

「一方本草療一方病」，嶺南本地的草藥大多涼性苦寒，於是，為解暑祛濕、療養身體，一種清熱解毒、去火除濕的涼茶應運而生。涼茶從東晉時期開始，就成為嶺南文化的代表。時至今日，林立於廣東、香港、澳門等地的涼茶鋪比比皆是，形成了一道獨特的嶺南民俗風景線。

涼茶，是指由藥性寒涼和消解內熱的中草藥煎成的湯劑，清降夏季暑氣，平抑冬日燥氣。涼茶的起源由來已久，相傳東晉的葛洪在二十多

歲時來到嶺南，正趕上瘟瘴流行，惡病多發，於是他悉心研究嶺南各種良效藥材，其中就包括各種涼茶的雛形，早期涼茶雛形的配方由此世代相傳下來。

王澤邦被譽為「涼茶始祖」，他研製的王澤邦涼茶，創立於清道光八年（一八二八年），至今已有一百八十多年的歷史。

王澤邦出生於清代嘉慶末年，祖籍廣東鶴山，最初原本是樸實的農民，後來到廣州謀生。相傳一八二八年，廣州城疫病蔓延，王澤邦偕同妻兒上山避疫。極具傳奇色彩的是，王澤邦在途中巧遇一位自稱「不語山人」的廣西道士贈予涼茶藥方，上面有十多種藥材的名稱，並告訴他此方可治療疫病。下山後，王澤邦依照藥方配藥煮茶，煲出的涼茶甘冽可口，非常好喝。王澤邦將這種涼茶免費派發給當地患病的人服用，果然藥到病除，王澤邦從此聲名大振。

此後，王澤邦一邊行醫治病，一邊售賣涼茶。王澤邦涼茶開始風靡嶺南，民間流傳着眾多關於他的故事。相傳林則徐廣州禁煙時因操勞過度、水土不服而身患感冒，服下王澤邦熬製的涼茶後很快就藥到病除。隨後，林則徐還特以一件刻有「王老吉」三字的銅壺相贈，以表達懸壺濟世之意。

光緒九年（一八八三年），王澤邦去世，享年七十歲，他享譽嶺南的涼茶事業由三個兒子接力，並逐漸發展壯大。光緒二十三年（一八九七年），其子王貴發到香港開設店面，並向港英政府註冊「王老吉」商標。一九二五年，其孫王恆裕被邀往英國倫敦溫庇展覽會展出涼茶包，讓王老吉的聲譽風靡海外。

從此，王澤邦涼茶相繼在廣州、江都、香港、澳門等地開設分店。

如今，王澤邦的後人一支在香港發展，另一支留在廣州，都以涼茶為業。世代苦心經營近兩百年的王澤邦涼茶，早已廣為人知。

王健儀是香港人，年過七十，是王澤邦第五代玄孫。出生在涼茶世家的王健儀，從小在涼茶店長大，「我住的房子下面是賣涼茶的，上面是住人的，我從小就學習怎麼煲涼茶。」

她繼承了祖上的衣缽，清晨，王健儀打開涼茶店的大門，開始熬製涼茶。

涼茶按不同功效大致分為四類：一是清熱解毒茶，適合內熱火氣重的人，適宜在春、夏、秋三季飲用。二是解感茶，適合外感風熱、四時感冒、流感等症，四季皆宜。三是清熱潤燥茶，適合口乾、舌燥、咳嗽等症，適宜秋季飲用。四是清熱化濕茶，適合濕熱大、口氣重、面色黃赤的人，適宜夏季飲用。

王澤邦涼茶由一杯普普通通的涼茶變得婦孺皆知，超高的知名度和經常爆發的疫情有密切關係。王健儀回憶說：「每一代都遭遇一次疫情，每次疫情，都起到了很好的效果。香港非典那年，我們的涼茶賣到脫銷。」

王澤邦涼茶是由三花、三草、一葉精心熬製而成。三花，是指雞蛋花、菊花和金銀花，三草是指仙草、夏枯草、甘草，而一葉則是布渣葉。這種涼茶配方並不複雜，卻有着獨特的秘訣：一是下藥的順序，二是火候的大小。

王健儀將仙草、雞蛋花、布渣葉、菊花、金銀花、夏枯草、甘草依次下入清水中，敞開鍋熬煮。「我們王澤邦這個涼茶的秘方，最主要在控制火候上面，武火和文火的時間性，在整個流程上都很重要的。我們這麼多代後人呢，秘方都是由上一代傳到下一代，我們是一個口口相傳的

秘方來着。」

茶水煮沸後，再用小火煲煮一個小時。茶湯的顏色漸漸變深，一絲絲香氣溢出來。一杯正宗的王澤邦涼茶，也就做好了。

除了液態的涼茶以外，王健儀還做固態的涼茶精。涼茶精，是王健儀的父親王豫康在二十世紀四十年代末創新發明的。「因為我父親跟日本人打仗，他為了涼茶可以保存，就發明了涼茶精。」

涼茶精的製作工序相對簡單。王健儀把普洱茶的茶葉浸泡在已經熬製好的涼茶中，讓茶葉充分吸收涼茶的藥性，隨後再把茶葉濾出，均勻地平攤在簸箕上，放置在涼茶店門口的通風處曬乾。「讓涼茶裏的藥性附着在茶葉上，喝的時候用水一沖即可，這就是涼茶精。」這種便於攜帶、即沖即飲的新品涼茶精一經面市，廣受民眾歡迎。

王健儀把涼茶精分袋裝好。過幾天，她要回廣州去看親戚，打算帶的禮物就是涼茶精。

王天佐、王天佑兄弟，是王澤邦家族留在大陸的後人。抗戰期間，他們祖輩經營的涼茶鋪遭受到毀滅性打擊。一九三八年，日軍侵略廣州，位於廣州靖遠路的那家百年老店 —— 王澤邦的第一家涼茶鋪，被日軍轟炸，夷為平地。涼茶鋪被炸毀後，王澤邦留在廣州的後人四散求生，經營了一百一十多年的王澤邦涼茶幾近消亡。抗戰結束後，他們歷盡艱辛，終於在廣州海珠路重建了涼茶鋪，使王澤邦祖傳的手藝得以繼續在大陸流傳。

聽說大姐王健儀要回來，王天佐、王天佑兄弟倆一大早開始採雞蛋花。雞蛋花是製作涼茶必不可少的一味藥材，別名緬梔子、蛋黃花等，是夾竹桃科雞蛋花屬植物，多栽植在庭院或草地，每年五月到十月間開花。

　　兄弟倆舉着頂端綁有鐮刀的竹竿，在密葉中割採。兄弟倆收獲不少，隨後開始熬製涼茶，等待着大姐的到來。

　　一大早，王健儀乘上了香港去往廣州的直通車。「當年我爺爺來香港發展涼茶事業，當時沒有涼茶鋪，我們的涼茶店是第一家。」一開始，王健儀的幾個兄弟姐妹都在做涼茶，但做着做着有的退出了。直到現在，只有王健儀在堅持做。

　　回鄉的旅途總是讓人追憶往昔。幾經動盪時局，歷經艱難歲月，王澤邦涼茶仍堅韌不衰，王健儀內心備感珍貴。

「大姐，你好！」王天佐、王天佑欣喜地迎接多年未見的姐姐。

「你好，姑婆！」王健儀在親友的簇擁下邁進家門。

「我給你們帶禮物了。」「什麼禮物？」

「涼茶。」「多謝姑婆！」

團聚是快樂的，對這個歷經滄桑的涼茶世家來說，生活有如涼茶的滋味，充滿苦澀，回味甘甜。

香港的王澤邦涼茶鋪（上）
用三花、三草、一葉熬製成的涼茶（下）

王健儀製作好的涼茶精

靠天吃水
—— 西北水窖

● **地點**：甘　肅
● **技藝**：乾旱水窖製作技藝
● **人物**：董德貴

　　中國大陸降雨量主要受夏季風的影響，從東南沿海登陸的夏季風，越往西北，影響越小，雨水也就越少。因此，在西北的很多地方，吃水甚至都是問題。

　　會寧縣，是甘肅中部十八個乾旱縣之一。這裏地處隴西黃土丘陵溝壑區，是典型的溫帶大陸性氣候，冬季乾旱多風，夏季炎熱，光照充足。會寧年均降雨量僅四百毫米左右，蒸發量則平均在一千八百毫米以上。由於會寧降水集中且多暴雨，降水量偏少且時空分佈不均，主要集中在七到九月，佔年總降水量的百分之五十八以上，雨水供應與作物生長發育需水期嚴重錯位，使得會寧和其他一些黃土高原雨養農業區農業

生產及人畜飲水條件的改善受到了極大限制。

這一帶的地下水資源也很少，絕大多數河流的水礦化度高，不能飲用。會寧先輩在這嚴苛的環境中，發明了一種乾旱水窖，靠水窖把老天爺下的雨水收集儲存起來，作為全家的飲水。

乾旱水窖製作技術，是採取人工收集和高效利用雨水技術，實現人工控制調節雨水，達到提高降水利用效率的一種主動做法，祖祖輩輩沿用至今。

年過七十的董德貴，從一九八三年就開始任東河村前山社支部書記。他的家地處黃土高原和青藏高原交接地帶，這裏常年乾旱少雨，十年九旱。天上不下雨，就只好指望地下。可這裏土質構造複雜，從地下打出來的水都是苦水，人畜不能飲用。眼下，東河村一共五十二戶人，每家都挖了一口水窖，以此維持生計。

「外頭的人要饃饃來，白麵饃饃，能成，給你一斤掂上就行，你要水給不過，我把一碗油端上還換不下一碗水，你就是把一碗清油端上，你說換我的水，給不過。」董德貴講的這一段話，清晰地解釋了在當地水貴過油的現實。

董德貴發現自家的水窖幾乎存不住水了，他不得不趕快打一口新水窖。打一口水窖並不是小工程，至少需要三到五個人，幹上十天左右。

董德貴找來兩位老搭檔，請他們幫忙。

水窖挖掘首先得選址。選址的過程實際上就是對集流場面積、集流面材料的確定過程。在會寧及其黃土高原其他地區，用於解決人畜飲水用的水窖一般建在庭院或者村莊附近，其集流面一般以庭院、屋面、場為主；用於發展高效節水灌溉或者對作物進行補灌的水窖的集流場一般應優先考慮現有公路、鄉村道路、閑散地及荒山荒面。

打水窖最怕找錯地方。董德貴說：「找了幾天了，都找不到。咱就看那邊怎麼樣，就在那個位置，那個位置可能差不多。」

三人向遠處走去。無奈這片區域就這座山好，可惜就是放不上水，他們決定再去別的地方找找。「選窖地點是從這個大路上，發了暴雨，水到這裏，這個位置才好，才能挖這個窖。這裏就可以！」

終於，董德貴找到了能夠收集雨水的窖址。接下來，水窖的製作方法大體經歷三道工序。

第一道工序是挖窖。

董德貴要挖的水窖分為兩個部分。上部像一個倒立的水缸，一邊往下挖一邊不斷擴張。這個倒立的水缸不是用來裝水，它是為了增加水窖的深度，使水窖裏的水冬天不凍、夏天不熱。水窖的下部，與上部正好相反，它像一個正立的水缸，一邊往下挖一邊收縮，構成乾旱水窖的蓄水部分。

挖旱窖時，一人由窖口下挖扔土，進入內部時一人窖內扔土，二人在窖口轉土。挖水窖時便栽上木架，安裝轆轤，採用搖轆轤的方法把土提上來。

時間一天天過去，水窖越挖越深。「慢慢地，慢慢地！」董德貴提醒着兩位老搭檔。村裏的老人都知道，挖口水窖最大的危險就是塌方。乾旱水窖也被稱為球形窖，窖口和窖底小，中間大，水窖的重心一旦偏離，受力不均，就會導致塌方。董德貴他們用一種老方法測量水窖的等長半徑，目的是使圓周一致，受力均勻。

「中間嗎？」「你稍微挪一下。」

「圓着嗎？往哪一邊？」「往右。」

「這邊，咋樣了？」「好了。」

「好了嗎？」「好了。」

挖水窖完全是技術活，除了掌握好窖形比例，還要挖好瑪眼。窖壁上一個個深眼，被叫作瑪眼。董德貴說：「十指，斜着、豎着，就像婆娘納鞋底的一樣。斜着一行，豎着一行。」瑪眼口小裏大，呈品字形，看似密密層層，實際上橫行錯開，縱行對齊，錯落有致。通常是邊挖水窖邊挖瑪眼，一次性完成。

第七天頭上，水窖的外形已經挖好。在挖窖的同時，需用水飲窖，即將水灑在窖壁，並將瑪眼灌滿。如此持續三五日，待水將窖壁滲透後就動手開始第二道工序。

第二道工序是泥窖。

水窖的水源，是從山上流下來的雨水。然而，雨水中混雜着雜草、牛糞、羊糞，必須有一種材料，能夠吸收水中雜味，淨化水質。在水窖挖到三米的時候，董德貴三人暫停了挖窖，去山上尋找這種重要材料 —— 紅土。

紅土是黃土高原特有的一種土狀堆積物，大約形成於距今六千五百萬年的古近紀晚期，經過一系列複雜的物理和化學風化作用而形成。紅土質地堅硬、孔隙多而小、滲透性差，把它固定在水窖的蓄水部分，可以起到淨化水和防止水滲透的作用。

歷經數日輾轉，三人終於找到了紅土。挖一口窖的紅土就得四十擔，滿滿的四十擔。董德貴三人擔着紅土，走了兩公里，回到家中，這時已經下午四點。

董德貴想趕在天黑之前浸泡紅土，紅土需要敲打成粉末狀，浸泡一夜，去除烈性，才可以使用。三人顧不上休息，馬上開始敲打堅硬的

紅土。

「拿來以後是先曬，一般的泡上一天一夜就行了。泡的時候黃土就要兌上，兌上到打開的時間，一打以後，這麼一撚，如果是黃土太少，口口就開了，這就不行，加這個黃土，黃土你再加上，你再一打，它就裂不開口口了，比例就差不多了。」

董德貴拿捏着紅土和黃土的比例，堅硬的紅土經過敲打、晾曬之後，一塊塊揉成兩頭尖的柱狀，像一顆顆釘子。

等到曬好紅土，接下來就是將紅土固定在窖壁上，董德貴採用了鑲嵌原理。他們將泥釘蘸上胡麻水，之後鑲嵌在瑪眼裏。胡麻水具有很大的黏性，起到連接的作用。露出瑪眼的泥釘部分，用拳頭和木槌反覆錘打，使紅泥互相連成一片，直到整個蓄水部分的水窖被紅泥覆蓋。

最後一道工序是夯底。

水窖的夯底是整個工程的關鍵，要將和好的紅泥鋪均，每天夯打一次，直到打乾堅硬，不再滲水為止。建好的新窖不能長時間乾着，乾久了容易裂縫滲水。乾旱水窖打成之後，可以裝水了，有了水，無論是人畜飲用，還是種植生產，生活都有了可靠的保障。

董德貴説：「老天爺，多下幾場雨，我們東河村老百姓的日子就好過些了。」

黃土丘陵地帶

球形窖蓄水原理

董德貴尋找水窖的位置（上）
和老搭檔一起挖窖（下）

●

瑪眼（上）
紅泥覆蓋（下）

第 5 章

文
明
與
智
慧
的
象
徵

　　火，文明與智慧的象徵，無論是中國的燧人氏還是西方神話中的普羅米修斯，人造火種的到來，開啟了人類文明的進程。鑽木取火，讓人類第一次掌握了獲取火種的技術，這種千年不變的技術至今在中國大地傳承不息。

　　取得火種以後，我們的祖先，開始刀耕火種的時代，無論是燒荒，還是燒窯製作陶器、瓷器，鑄造金屬，從人類開始使用火的那一天起，控制火候的大小，不僅在生存空間是一項必備技術，更在生活領域讓發明創造成為可能，呈現出獨特的藝術形式。比如，中國人依靠對火候的精準掌握，在景德鎮開啟了一個上千年依靠單一產業維持生計的人類歷史上的傳奇。

　　隨着文明的進步，火，已經不再是僅用來取暖照明，滿足生活生產所需，火又有了新的娛樂功能，今天我們如何看待火焰？無數個視角背後，總有許多是來自千年不變的文化傳承。

　　從五指山中的鑽木取火到佛前一盞燈，從千年窯火不熄的景德鎮到台灣平溪升起的千盞祈福天燈，火是生命與智慧，在傳承人的手中，經久不息。

用純淨的火繁衍生息
—— 鑽木取火

● **地點**：海　南
● **技藝**：國家級非物質文化遺產代表性項目　黎族鑽木取火
● **人物**：王照方　國家級非物質文化遺產黎族鑽木取火國家級代表性傳承人

海南島，中國第二大島，浩淼南海上一顆熠熠生輝的珍珠。

在這裏，保亭、昌江、東方等黎族聚居地區，至今還保留着鑽木取火的古老技藝。界村，位於海南島保亭黎族苗族自治縣的東北部，是五指山脈深山中一個只有三十幾戶人家的小村莊。一千多年前，黎族先民就來到海南島的大山深處，居住下來，捕魚狩獵，繁衍生息。他們祖祖輩輩生活在此，以種植水稻為生，至今還保留了男耕女織的傳統生活習俗。

金秋九月，界村即將迎來今年第二季水稻的成熟，然而躲在山裏的野豬，也開始蠢蠢欲動，經常從近處的山林下來禍害水稻，已經到了必須要圍剿牠們的時候。界村的幾位黎族兄弟，他們繼承了先民打魚狩獵

的生存技能，相約上山圍剿野豬。

工欲善其事，必先利其器。他們在叢林中就地取材，砍伐數根細長挺直的竹子，一截截細竹棍的前端修削成尖峰，尾部插置竹葉折成羽翼。不一會兒，射獵所用的工具 —— 竹箭，便製作完成了，可謂技法純熟。隨後，他們在林中耐心地潛伏下來，等待野豬的出現。頃刻間，一陣窸窣聲響，幾番圍攻追捕，數箭離弦，弓不虛發，一頭深褐毛色的野豬應聲而倒。這幾兄弟麻利地把野豬四腳朝天，捆在竹竿上，擔着下山。

黎族俗語説：「上山打獵，見者有份。」他們準備在山腳下稻田附近的竹林裏燒烤獵物，享用美味。那如何在野外生起一堆火呢？

打獵的隊伍中一位叫王照方的男子，是國家級的黎族鑽木取火代表性傳承人。他掌握了一門春秋戰國以前就發明的古老技藝 —— 鑽木取火，雖然今天大家都用上了打火機，鑽木取火的方法顯得十分費力，但在他看來，這樣的火才純淨！

火，是文明與智慧的象徵。千百年來，鑽木取火究竟是誰發明的，根本無從查考。但從掌握了火種的那一刻起，人類走向文明。在文獻記載方面有着悠久歷史的中國，從天然火到人工取火，究竟是怎樣演變的，卻沒有任何一項考古活動或文獻資料能確鑿地證明，只是保留了燧人氏鑽木取火的傳説。例如《韓非子·五蠹》記載：「上古之世，…… 民食果蓏蚌蛤，腥臊惡臭，而傷害腹胃，民多疾病。有聖人作，鑽燧取火以化腥臊，而民悦，使王天下，號曰燧人氏。」原始社會初期，人類以狩獵為生，生吞活剝，茹毛飲血，艱難繁息。像魚、鱉、蚌、蛤一類生的東西有腥臊之味，吃了多生疾病，而當燧人氏因觀察鳥喙鑽樹發明了鑽木取火的方法之後，生的東西便可以通過火燒煮熟來吃。

　　黎族人民也有類似的故事。相傳黎族山民的祖先，很早以前就居住在五指山脈的深山老林裏面，交通非常閉塞，一開始他們也都是吃生的東西，生活方式十分原始。後來當他們看到打雷閃電後山林起火；啄木鳥用喙啄樹幹而產生了火星。於是深受大自然的啟發，黎族先民發明了鑽木取火，便運用到生活、生產中。形成了黎族一門古老的技藝，這種千年不變的技藝在海南黎族山區世世代代傳承不息，成為了這裏特殊的文化傳統。

　　一路笑語，這幾位黎族兄弟在山腳竹林的一片陰涼處忙活起來。

　　取火前，王照方開始準備工具。黎族的鑽木取火技術具有鮮明的地域特色，其工具由三種物件組成：一是鑽竿，也稱鑽木、鑽頭。是由乾燥的硬木製成，具有相當好的硬度，有一定的重量，表面光滑，下端呈圓錐形狀，像一支筆似的，長度為五十至六十厘米，直徑五至七厘米。二是鑽火板，也稱鑽木板、墊木。是由乾燥易燃的比較鬆軟的木質製成，一般長三十至四十厘米，寬七至十厘米，厚三至五厘米。五指山區遍地野生着名叫山麻木的植物，折取削成扁平狀木板，再在該板的一側挖若干淺淺的凹穴，凹穴旁刻上一條流灰的缺槽。三是引火物，可用木棉絮、芯絨或芭蕉根纖維等易於燃燒的碎屑。三者的有機配合，才能取出火來。

　　而能否成功在野外人工取火，最重要的還得看鑽木技術是否到家。王照方談到，取火有一定的技巧，並非靠蠻力能夠取出火來。曾經在海南省非物質文化遺產展的現場，有來自海南省體校的四名學生自告奮勇上前挑戰他。四人輪番上陣，試圖嘗試「手鑽法」鑽木取火，最終累得滿頭大汗，手掌起泡，也不見木屑燃起火來。可見，鑽木取火的本事真的不是輕易就能模仿學會，技巧非常關鍵！

　　笑語漸歇，王照方在兄弟們的配合下開始專心地取火。

　　黎族古老的鑽木取火技術，主要經由四個步驟。第一步，王照方把鑽火板放置在硬地上，也可放置在石板或某種工具上。要求平穩，不能搖晃，否則會影響取火效果。第二步，他將鑽竿隨意地插在鑽火板的一個凹穴內，並將引火物放置在缺槽下，以盛接即將降落的火星。第三步，也是最考驗技術的關鍵一步，王照方用雙手掌挾住鑽竿，反覆搓動。他說，一般是先自上而下，又從下而上搓動，在交替時必須用嘴或下頜扶持鑽竿的頂端，以免鑽竿滑離凹穴。這是運用摩擦生熱的原理，使機械能轉化為熱能。三十秒左右開始冒煙，一分鐘以後濺出了火星。火星沿槽落下，漸漸點燃引火物。當引火物冒煙時，他又迅速拾起吹風，以輸送氧氣入孔穴，同時又加入了些椰絨、棉絨等助燃。第四步，當有煙持續升起時，王照方說這就代表着已經有火了，把這些燃着的引火物放在事先準備好的乾茅草裏，順口一吹。

　　瞬間，一簇火焰冉冉升起！

　　等待王照方他們的，是一頓純淨、自然的美味。

　　據王照方介紹，在海南除了這種眾所周知最原始的「手鑽法」外，黎族人民還在艱苦的生產、生活中鑽研出技術含量更高的、更先進的取火方法，叫做「弓鑽法」和「繩鑽法」。同樣是摩擦生熱原理，用繩或繩弓纏繞鑽棒來旋轉取火。我們不由得讚歎黎族先民的智慧和勤勞！

　　望着金黃稻田間村落，王照方長長地透了口氣：「我們是人多地少，一個人分到六分三地，夠吃，還有點存糧。我主要是種椰子、檳榔、橡膠。」種椰子和檳榔，是王照方家的主要經濟收入來源。但為了保護五指山脈的森林資源，王照方也不想再擴大種植面積了。

　　現在，年過中旬的他，最大的心願就是把黎族的鑽木取火發揚光大。鑽火板、鑽竿、繩弓 …… 這些就地取材、隨手製作的工具，或許，終有一天將成為博物館中玻璃窗後一件件被展示的文物。透過王照方堅定的眼神，人們仿佛可以看到黎族人民傳承和發揚黎族古老鑽木取火技藝的決心！因為在黎族人眼裏，「火是父母，火是生命，火是我們的太陽」！

● 用火燒煮生肉

●

傳承人王照方（上左）
村民們在山上圍剿野豬（上右）
正在製作的竹箭（下）

村中種植着大面積的椰子、檳榔、橡膠樹

鑽木取火步驟

千年不斷的窯火
—— 景德鎮瓷窯

● **地點：**江　西
● **技藝：**國家級非物質文化遺產代表性項目　景德鎮傳統瓷窯燒造技藝
● **人物：**胡家旺　國家級非物質文化遺產景德鎮傳統瓷窯燒造技藝國家級代表性
　　　　傳承人

　　景德鎮，坐落在江西東北部的歷史文化名城。

　　在中國，從來沒有一個城市能像景德鎮一樣，可以依靠單一產業維持生存上千年而不曾中斷。這其中，千年未斷的窯火是重要的原因。景德鎮傳統製瓷包括柴窯燒成和手工成型兩種技藝，即「燒」「做」兩大行。清代督陶官唐英說過一句話：「瓷器之成，窯火是賴。」窯爐就是瓷器的子宮，沒有窯爐，瓷器無從出生。

　　在這裏，柴窯工作有八個腳位，也就是八個等級。上三腳是架表、馱坯和把椿，下三腳是一伕半、二伕半、三伕半，中間有小夥手和收兜

腳。其中，把樁師傅是柴窯燒成團隊的核心人物，就像一支部隊的元帥一樣。何為把樁師？在瓷器行裏，掌握火候的人被稱為把樁師，主要負責全窯的滿窯、燒窯以及開窯的完整過程。瓷器好不好，三分靠製作，七分靠火燒，柴窯裏的火對瓷器生產至關重要。作為燒窯總指揮，把樁師傅可以讓老板發財，也能讓窯廠倒閉。

年過七十的胡家旺，被人叫作「景德鎮最後一位把樁師傅」，是景德鎮傳統瓷窯燒造技藝代表性傳承人。祖籍江西省南昌市的他，當過幹部，也當過兵，轉業到了景德鎮，從事燒窯製作至今。這一天，胡家旺接到了一個任務，要在復建的已有六百年歷史的明代官窯葫蘆窯，燒一窯精品藝術陶瓷，時間是二十四小時。不僅任務重大、時間緊迫，更讓胡家旺着急的是景德鎮大多數的窯已經不再使用柴火，而是改為電燒或氣燒，燒過柴窯的人越來越少。為此，他千方百計請來了曾和自己一起燒過柴窯的老夥計，共同完成這一歷史性的任務。

胡家旺説，瓷窯燒造通常分為一碼、二燒、三熄火這三關工序。葫蘆窯這批陶瓷能否燒成，每一關都至關重要。一碼，是指把樁師傅需根據這一窯所需生產的品種，各品種所需要的溫度，產品的大小和數量的多少，再結合該窯的容積，來合理地安排窯位。

「老許，把這個放到那邊去，左邊不要了。來一個，不要多。來一個就夠了，不來一個都不來。」

「三個粉青，三個青花。」

「腳下全部放窯變。」

　　……

六個小時之後，窯工們在胡家旺的指揮下完成了碼窯。青花、釉裏

紅等兩千多件不同的坯胎，被陸續放置在葫蘆窯的不同位置，以保證陶瓷在整個窯裏燒製過程當中，能夠達到它所需要的溫度和氣氛。不同的窯位，有着不同的溫度，燒製出來的釉色也便千差萬別。由此可見，裝窯是一個特別細緻的過程，依靠的是把樁師傅對窯內熱度的精準把握。

景德鎮千年窯火不熄的歷史中，有這樣一位傳奇的把樁師傅。明代萬曆年間，景德鎮御窯廠奉旨燒造一批青花大龍缸。這種器件燒製難度很大，久燒不成。把樁師傅童賓萬般無奈之下縱身跳入窯內，以骨作薪，赴火而亡。幾天後開窯一看，大龍缸居然燒造成功了。後來，朝廷就在御窯廠的東側修建了「佑陶靈祠」，為童賓立祠，並敕封童賓為「風火仙師」。從此，祭祀風火仙師，成為景德鎮歷代窯工們的特殊傳統。

這一次，胡家旺也不例外，他在風火先師廟前取下專為燒窯而準備的火種，並虔誠地向其敬上一炷香。下午兩點，復建的六百多年前的明代官窯葫蘆窯，再一次被點燃！

二燒，便是指在燒製過程當中，根據產品所需要的溫度和氣氛，合理地使用燃料，掌控投柴的數量和方法。十二個小時不間斷的火焰，要燒掉大約十萬斤木柴。這些柴火用的是當地人工種植的松木，含油量大，燃燒值高。一葫蘆窯的瓷器，總價高達數百萬人民幣。如果窯燒得不好，火候不對，裏面的瓷器就會報廢。而能否把陶瓷坯胎燒製成精美的藝術品，關鍵就要仰仗把樁師傅。

「把樁就是要文武雙全。」胡家旺説。一方面，要有體力，能把幾十斤的東西舉起來，並把它們輕輕地碼好，這就叫武功。另一方面，得有眼力和判斷力，這是文功夫。柴窯內部各處的溫度各有差異，前部的溫度達到 1300℃時，後部才 1000℃。十幾位師傅，根據把樁師傅胡家旺的

口令，嚴格分工，掌握好燒窯的快慢，控制好窯內的溫度變化。

傳統的葫蘆窯沒有溫度計等測溫設備，胡家旺判斷溫度，全靠一雙火眼金睛。那他又是怎麼來判斷的呢？一種就是根據在燒成過程當中，觀察火焰的變化，然後判斷它的溫度。隨着溫度的升高，火焰就會逐漸發白。完全燃燒時，火焰的顏色呈白色。接着，他上窯頂觀察。窯頂是神聖的地方，只有胡家旺觀察溫度時才可以上去。他朝窯裏吐唾沫，因為唾沫在高溫情況下，會根據窯溫產生不同的變化，這也是古代人最原始而有效的一種測溫方法。除此之外，還有一種方法，就是試照子。在碼窯的時候將很多試片，放到窯裏不同的位置，根據燒製的不同階段，依次取出來淬火觀察。這種辦法對溫度的判斷更加準確。

胡家旺邊觀察「照子」邊說：「你看現在這是前面的，這個溫度已經到了，最後面的最角下的這個溫度還差一點，大概已經到了八成。」由此，胡家旺決定調整前後的溫差，給前面降溫，讓後面升溫。十二個小時之後，胡家旺把握火候，決定熄火。

三熄火，是指在適宜的時候熄火。「在三熄火的過程當中，要時刻觀察前灶的溫度，就是投柴口的溫度。這個溫度有多高、有多低，最後面的溫度有多高、有多低，中間的溫度達到什麼程度。」胡家旺說。熄火之前，他又出人意料地指揮投入濕柴。濕柴的加入，在降低灶前溫度的同時，將含有濕氣的火力吸到窯後面爆燃，提高窯後的溫度。接下來，停止投柴，讓窯內自然降溫。熄火之後到出窯，又要等待六個小時。

這一窯，胡家旺又燒成了！

一碼二燒三熄火，概括了柴窯技藝的三個步驟，碼匣滿窯、投柴燒煉和適時熄火。在胡家旺看來，柴窯燒出來的陶瓷豐厚，胎骨通透，釉

質有玉質感，就像是慢慢煮上去的。瓷都景德鎮，千年窯火不熄，靠的正是一代又一代把樁師傅對火的精準把握。

在古代，景德鎮上只有來自都昌縣和鄱陽縣的人能燒窯，且要為馮、余、江、曹四大姓的人。否則，連窯廠都不能進。然而，在現代陶瓷工業發達的今天，景德鎮引以為豪的古老燒製技藝正瀕臨消亡。

「那些本該代代傳承的人，多數中途放棄了，否則這事輪不到我去做。」正是這時，並非四大家族的胡家旺，成為了景德鎮資歷最老的把樁師傅。從宋代龍窯、元代的饅頭窯，到明代的葫蘆窯、清代的鎮窯……胡家旺接觸到景德鎮一千多年來的所有傳統窯爐。從學徒到把樁師傅，每一次燒窯，對他來說都是一次享受。「我趕上這個時期，這門手藝得到進一步發展，我的祖祖輩輩，就是我的上一輩，上一輩的師傅，他們不能做到的東西，我能夠有機會做到。」

對於把樁技藝的傳承，胡家旺仍覺遺憾：「過去天天燒窯，一年能燒一百多個。現在，窯少了，出『把樁』就更難了。而且，現在的柴窯都是小窯，大窯不燒的話，有的技藝不會用到，有的工種就失傳了，把樁就無法修煉成熟。」

或許有一天，傳統意義上的把樁師傅只會活在人們的傳說裏，像神話一樣封存在歷史中。而代代把樁師傅的堅守和座座古窯的挺立，必將銘記於世。

景德鎮窯廠

碼窯（上）

點燃窯火開始燒窯（下）

600 年歷史的明代官窯 —— 葫蘆窯（上）

瓷器出窯（下）

胡家旺通過看火焰變化判斷溫度（上）
觀察「照子」（下）

仰望夜空，祈福賞燈
—— 台灣平溪天燈

● **地點：**台　灣
● **技藝：**台灣平溪天燈製作技藝
● **人物：**胡民樹

　　台灣平溪十分小鎮，一座因「平溪天燈」而聞名中外的古鎮。

　　早期還沒有平溪這個地名，此地名為十分寮。這裏位於基隆河上游，處於翠綠山巒環抱之中，湍急的河水流經此地時，受一處平緩溪谷的影響，流速變得緩慢，因此得名為「平溪」。平溪多河流和瀑布，森林密佈，是全台灣水土森林保持得最好的地方。

　　二十世紀五六十年代，當地的經濟支柱是煤礦，被稱為台灣黑金的故鄉，然而隨着社會的發展，七十年代後煤炭產業盛極而衰。如今，平溪天燈的傳統製作技藝和施放活動等民俗文化資源，結合當地人文、自然景觀，衍生發展為獨具地域特色的文化產業和旅遊體驗活動。就這

樣，從此前的能源產業到今天的文化旅遊，平溪走出了一條傳奇的新生之路！運煤的小火車成為了觀光客的交通工具，火車線路甚至可以穿過民宅和菜市場，這讓旅行的過程變得殊為有趣。

在台灣，每年農曆正月十五元宵節民俗活動中，除了燈會、猜謎外，最負盛名的當屬「北天燈，南蜂炮，中蹦龍，東炸寒單」。「北天燈」指的就是平溪十分小鎮已有百餘年歷史的放天燈活動。

天燈，又叫孔明燈，相傳為三國時期的諸葛亮發明，當時諸葛亮被司馬懿圍困，但無法派兵出城求救。他精通八卦之數，算準風向，創造出會漂浮的紙燈籠，繫上求救訊息，傳送出去，其後果然脫險。最初用於傳遞軍事信息的這種燈籠，就被稱為孔明燈。因此，曾有人總結說，孔明燈就是現代熱氣球的祖先。

平溪小鎮，自古就有放天燈的習俗。這要追溯到清代道光年間，平溪居民的祖先從福建的惠安、安溪移民過來，沿着基隆河上游來到平溪，經過辛勤的開墾使當地成為富足的村落。然而，平靜的農耕生活並沒有持續太久，因山區交通不便，政府無力管轄，這裏成為匪盜的覬覦之地。村民們不堪匪盜作亂，為了保存性命和財產，每年冬至過後就收拾家當避難山中，一直到元宵才派人回村察看。確定匪盜離開、危機解除之後，就在夜間施放天燈作為報平安的信號，告知親人鄉里可以下山回家了。

平溪放天燈的習俗就由此而來。「天燈」的發音與台語「添丁」相似，有祈求多子的寓意，在天燈上寫下祝福和心願並放飛天空，是過春節、討吉利的一種方式。後來逐漸演變成整個台灣地區元宵節的重要民俗活動，還曾被海外媒體譽為「一生中不能錯過的國際嘉年華」。

六十多歲的胡民樹，是台灣平溪十分小鎮的天燈大師。胡姓是平溪的第一大姓，他們整個村莊都姓胡。胡民樹從八歲就開始製作天燈，回憶當年的經歷時，他曾說：「當年，在我們家的對面有一個雜貨店。雜貨店裏有一個老先生，他每年都製作天燈。我是偷學的，也不是他真正教我的。」從那時起，胡民樹做燈做了半個多世紀。

元宵節這一天，胡民樹很早就起牀了，他要帶領徒弟們在這一天製作出五百個天燈，以供應遊客晚上燃放。

平溪天燈的製作工序並不複雜，但卻相當講究。天燈的結構可分為支架與主體兩個部分，底部的支架是選用竹條圍成圓圈，再用鐵絲交錯於圓圈中心，並預留一小段鐵絲，以便安裝燈火。天燈的主體大都以紙糊成，通常將四張長約四尺、寬三尺六寸的皮紙裁剪好形狀，黏貼好，在竹框圓圈四周黏住。就這樣，一盞天燈就製作完成了！

平溪天燈較之它者，有兩個特別之處。一般天燈是圓形或長方形的，而平溪天燈是上大下小的特殊外形。可別小看這天燈，它的外形特色可是已經申請了外觀專利呢。此外，平溪天燈最特別的當屬它的火源。與別處使用蠟燭或酒精棉為燃料不同，它使用的是獨特的一打浸過煤油的經書。那泛黃粗糙的印着金色的經文，點着紅色的圓點，順勢推開呈蓮花狀，讓平溪天燈更具濃厚的古韻。

「現在我的女兒有這個興趣，接這個衣鉢。」胡民樹欣慰地談到自己的女兒。女兒對平溪天燈的製作方法，對施放方式，都非常感興趣。每年，胡民樹在製作大天燈的時候，女兒都會幫着他做。

「我在我爸這邊學到這些東西，這些手藝。我希望在我接手之後，可以把它發揚光大，繼續傳承下去。」女兒一邊製作熊貓天燈，一邊言說

着對傳承平溪天燈製作技藝的點滴規劃和熾熱情懷。

胡民樹製作的熊貓天燈深受台灣民眾的喜愛。他説:「熊貓,我們很有信心在元宵節當天,應該可以飛得很漂亮!」

每到下午時分,一列小火車緩緩進入台鐵平溪線最大的車站 —— 十分站,人潮開始絡繹不絕地聚集於此。待天色漸暗,這座平日裏清靜閑適的小山城,便沸騰起來。

夜色漸濃,人們陸續到指定的十分鎮老街廣場上集結,準備着施放天燈。天燈的施放需要一定的技巧,兩人配合為佳,一人抓住天燈上方四角,將天燈撐起,防止燈罩被火燒壞,另一個人負責在下方點火。將燈油點燃後,燈內的火經過一段時間的燃燒產生熱空氣,由於熱脹冷縮,熱空氣密度小於周圍的空氣密度,加之燈的體積較大,其所受的浮力大於重力,因此天燈會上浮。待天燈獲得足夠的熱氣浮力後,抓住天燈四腳的人方可放手,便可見冉冉升起的天燈。

元宵節的晚上賞燈,是海峽兩岸同胞共同的習俗,人們都在這一天,用施放天燈的方式,表達對美好生活的期盼。天燈本是報平安、祈福,為了滿足不同人的需求,漸漸演變出了許多不同顏色的天燈,也有了不同的講究。紅色代表平安,橙色代表財運,黃色代表事業,紫色天燈是浪漫,藍色天燈是夢想,綠色天燈是成長,桃紅色天燈是愛情,粉紅色天燈是快樂。人們可以根據自己的心願,選擇不同顏色的天燈來施放。在當地,還有着「放得越高,事業做得越旺」的説法,人們認為天燈飛得越高,心願就越容易實現。這些,都使得平溪天燈猶如有魔力般吸引越來越多的海內外友人到此祈福賞燈。

放燈的一刻,他們嚴陣以待,篤信虔誠,屏息靜氣,仿佛共同履行

着一個神聖莊嚴的儀式。伴隨着主持人的一聲令下，眾人齊齊放飛手中的天燈，瞬時，伴隨着歡呼聲而飛躍騰空的天燈，迅速彌漫了整個浩渺的天穹。之後，每隔約十五分鐘，就有一百多盞天燈集中燃放，一齊飛天……

多彩的燈火冉冉升起，在夜空中浩浩蕩蕩，此起彼伏，飛得越來越高。絢麗的天燈漸行漸遠，但廣場上的人群還久久不肯離去。他們仰望夜空，祈福賞燈。更紅火的日子就要到來了！

元宵節放天燈

天燈製作師傅胡民樹（上）
胡民樹女兒幫忙製作大天燈（下）

在天燈上寫上
祝福和心願

十分車站

放天燈

台灣平溪十分小鎮

一燈一世界
—— 青海佛燈

● **地點**：青　海
● **技藝**：國家級非物質文化遺產代表性項目　銀銅器製作及鎏金技藝
● **人物**：何　滿　國家級非物質文化遺產銀銅器製作及鎏金技藝國家級代表性傳承人

　　位於青海省東部的湟中縣，是青海省西寧市下轄縣，這裏文化資源匯聚，堪稱非物質文化遺產的富礦區。

　　湟中縣歷史悠久，新石器時代的馬家窯文化及青銅時代的卡約文化的多次發現，證明早在五千年前就有人類在此繁衍生息。自古以來，這裏就是一個多民族聚居的地方。自漢朝始，逐步遷居至此的漢族佔據了最大的人口比重，少數民族當中，藏族、回族、土族、撒拉族、蒙古族是青海五大世居民族，此外還有苗、壯、朝鮮、滿等民族。

　　湟中地區在藏傳佛教發展史上有着十分重要的地位，皆因藏傳佛教格魯派的創始人宗喀巴就誕生在湟中縣城魯沙爾。在明朝以前，魯沙爾

是藏族遊牧的草場，魯沙爾源於藏語「日沙爾」，是「牧點」的意思。從明朝開始，在宗喀巴的誕生之處，魯沙爾鎮西南的蓮花山坳中修建了塔爾寺。據清康敷鎔纂的《青海省青海誌》記載：「為青海最大最有名之寺，……佛教徒皆重視之，每年蒙古西藏以及青海各縣來膜拜者絡繹不絕。」

明清以後，魯沙爾逐漸成為當地藏族和蒙古族、土族等的朝佛中心，隨之前來經商的回民也漸漸定居於此。集市貿易的不斷發展，使魯沙爾成為當地一個民族貿易集鎮，尤其是每逢塔爾寺四大法會舉行期間，朝聖者、購物者與商賈雲集於魯沙爾，宗教活動和商貿活動交互進行，極大地推動着此地民族手工業的發展。

湟中縣的銀銅器製作及鎏金技藝，正是在這個貿易集鎮經濟發展的背景之下興起的。經過明清以來數百年的發展，成為了湟中當地最具特色和最為興旺發達的手工藝行業。這項具有三百多年歷史的傳統金屬工藝，囊括了銀銅器鍛造、鑄造等成型工藝及鎏金等表面處理工藝，並於二〇一〇年被列入了國家非物質文化遺產名錄。

銀銅器製作及鎏金技藝的興盛繁榮，離不開大批能工巧匠。而由漢族工匠鍛造的具有藏族與藏傳佛教特色的銀銅器物，則是湟中銀銅器鍛造工藝最主要的特徵，是一道獨一無二的工藝人文風景。

何滿，是國家級非物質文化遺產銀銅器製作及鎏金技藝項目的傳承人。

何滿説：「我是從十五歲開始學的，到現在三十歲年了，一九九四年開始我自己開店，自己開始獨立製作這些銀銅器。」何滿的家就在湟中縣金塔路銀銅器製作一條街上，這裏銀銅器加工作坊隨處可見，叮叮當

當的敲打聲吸引着過往的行人。他每天的工作就是用火加工金銀製品。何滿的家族世代以金銀匠為生。家族傳承的手藝已經有五代人了。目前，何滿父子是何氏家族中手藝最好的兩人。

發展興盛的藏傳佛教，在青海湟中這塊民族宗教多元化的文化土壤上，哺育了湟中銀銅器鍛造工藝。在何滿看來，虔誠的藏族民眾，養活了他們一家的祖輩和今人。

塔爾寺的建立是湟中銀銅器製作工藝興起的源頭，市場的旺盛需求使湟中銀銅器手工業茁壯發展，成為當地規模最大、從業人數最多、經濟效益最好的特色文化產業，這是湟中銀銅器手工藝傳承不竭的直接原因。塔爾寺的建築、雕塑、繪畫馳名中外，其中尤以「三絕」——壁畫、堆繡、酥油花最為著名。而其金碧輝煌的建築裝飾和寺內珠光寶氣的法器、供器，也是這個藏傳佛教藝術殿堂重要的有機組成部分。宗教器物手工藝的發展是建立在整體宗教藝術繁榮的基礎之上的，恢弘的建築與精美的堆繡壁畫必須有精湛的金屬工藝相匹配，共同地呈現給佛陀，才能更好地為藏傳佛教服務。

何滿有一個心願：用自己最好的手藝，製作一盞佛燈，獻到塔爾寺的佛前。何滿做銀銅器的工具，大小算起來有四五百種。開坯的鉗子，錘子，砧子，還有鑿刻，等等。這個行裏有個不成文的規矩，往往手藝越好的銀銅匠，工具越講究，工具的碼放越方便整齊，工作的地方也收拾得越乾淨整潔。

通常，工匠們會根據需要製作的器物的外形和裝飾，事先畫一個等大的紙樣，或者直接放大複印書中的圖案紋樣，用複寫紙將線稿過到金屬材料上，又或者將複印紙貼在銀銅板上，用點鏨鏨出虛線，再根據虛

線往細裏刻畫。但對於何滿這樣經驗豐富的工匠大師來説，只需直接用鉛筆在金屬板上勾出佛燈圖案即可。

火，是何滿家族製作銀銅器和鎏金這些技藝時必須要用到的元素。一是化銀必須要用火，二是在製作過程中也必須用火燒。加工銀銅器時，傳統的焊接技術必須用嘴吹。何滿點着油燈以後，熟練地用嘴吹着，控制着火力的方向和火候。

佛燈成型後，何滿開始鏨刻佛燈的圖案紋飾。浮雕部分是先在銀片上鏨刻好，然後焊接上去。何滿把好幾種絕技都使出來了，他用各式鏨子從正面細化各處，使浮雕裝飾更加飽滿立體，線條更加利落分明。

接下來就是組裝、清洗佛燈表面，為最後也是最重要的一步 ── 鎏金做準備。銀器的清洗處理主要用稀硫酸，然後清水沖洗乾淨。比較特別的是，何滿的父親何生壽介紹了一種在二十世紀時期不用硫酸的老辦法，材料用的是湟中老城牆上的土，將其放在水中熬煮，待沉澱以後，放一條馬尾在上層清液裏，擱置一晚，第二天馬尾毛上便會出現結晶。將結晶收集起來磨碎，加水塗抹在銀器表面，用火燒，再用明礬煮，銀子上的氧化層就會被去掉，恢復潔白雪亮的本色。這裏的結晶其實就是俗稱火硝的硝酸鉀，在鹼性的土壤中可以提取。可惜這種方法太過煩瑣，古城牆上的土壤也早已被利用和清理乾淨，如今再也沒有工匠會使用了。

藏傳佛教器物多推崇金色，凡寺院建築裝飾和寺內重要法器、供器，基本上都是金色的，以示對佛陀的尊崇和禮敬。何滿把黃金砸得薄薄的，剪碎以後，用水銀化成金泥，再把金泥塗在銀銅器表面，用火加熱，水銀一經蒸發後，金就留在銀銅器表面。這便是鎏金的整個工藝過程。

鎏金，是一種金屬加工工藝，由兩千多年前戰國時期的中國人最早掌握，至今仍在使用。其操作原理是把金和水銀合成的金汞劑，塗在銀銅器表面，加熱使水銀蒸發，使金牢固地附着在銀銅器表面而不脫落。相比起用電解法的鍍金，鎏金有着持久牢固的特點，經過鎏金的寶瓶、祥麟法輪、法幢、金瓦等屋頂建築裝飾，風吹日曬雨淋也經久不褪色。

三個月之後，歷經三十多道工序，一盞佛燈製作完成了。

一盞佛燈，充滿藏族宗教特色的獨特風韻，光滑自然的表面質感，金銀璀璨的顏色追求。何滿帶着這盞佛燈，沿着祖輩們當年走過的日月山、青海湖，一路還願。他用這種方式，表達他的感恩之心。

一燈一世界，佛前一盞燈。

在青海塔爾寺的大殿裏，何滿最終獻上了自己精心製作的這盞佛燈。點燈、敬佛、添油，從此佛燈長明不熄，照亮大佛，點亮人們的內心。

●

何滿將自己製作的一盞佛燈獻到佛前（上左）
傳承人何滿（上右）
青海塔爾寺（下）

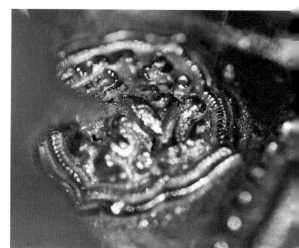

製作佛燈鎏金工藝

青海塔爾寺

第6章

生存資源的饋贈

作為農業大國，中國自古以來對土有着極為特殊的情感。人生在世，安土重遷，故土難離。百年之後，人又魂歸故土，入土為安。

千百年來，他們神思故土，尊「土」為母，在世代相戀依存的土地上創造出生生不息、璀璨雋永的華夏文明。我們的先人們，從土壤中獲取生存資源，於大地中構建生命格局。無論是家還是國，都與土地有着不解之緣。一丘成「社」，五穀為「稷」，祭祀國家社稷，用的就是五色土，在今天北京中山公園的社稷壇上仍可以清晰地看到五色土的實物。

放眼中華大地，他們以土為介質，敲響黃泥鼓，隆隆聲響是他們與祖先對話的方式。他們視土為珍寶，行走在山野之間，搜尋人參等山中珍品。他們雕築平靜無我的匠心旅程，在大地上向下深挖，構建居所。他們用土作畫，營造獨特的化境，或是用土雕塑神佛，為虔誠的人們塑造膜拜的對象。

可以説，中國廣袤的土地饋贈了中國人賴以生存的資本，豐富的土壤資源和不同的土壤特性，也為藝術領域提供了豐富的創作載體。

土，構成他們的生活基礎，也是他們傳承不息的藝術載體。

祭拜祖先的盤王儀式
—— 瑤族黃泥鼓舞

● **地點**：廣　西
● **技藝**：國家級非物質文化遺產代表性項目　黃泥鼓舞
● **人物**：盤振松　國家級非物質文化遺產黃泥鼓舞國家級代表性傳承人
　　　　　趙盤麗

　　富饒美麗的金秀瑤族自治縣，是瑤族聚居區之一。她位於廣西中部略偏東的大瑤山，成立於一九五二年五月，是全國最早成立的瑤族自治縣。

　　金秀縣六巷鄉下古陳村，是一個地處大瑤山中南部的古老村落。該村先民因戰亂於明嘉靖年間從貴州遷移而來，定居在這裏。村中百分之九十的村民均為坳瑤，另外有三戶盤瑤；百分之八十的村民姓盤，另有李、劉、馮、趙四姓。村子北靠五指山，面臨古陳河，目前僅有一條向西通往六巷鄉的公路。閉塞的地理環境限制了村民與外族交往，但也使這裏至今仍保留着原生態的瑤民祭祀時最重要的一種儀式舞蹈 —— 黃

泥鼓舞。

村子裏的少女趙盤麗，家中四代同堂。

漫山的茶園和八角樹，是坳瑤女人一代代勞作的地方。「一年裏有幾個月，我們會在樹上採八角。」晾曬八角，是她從小跟着媽媽、外婆和曾祖母一起做的事情。這裏地處湘桂走廊東側，溫熱的亞熱帶季風和海拔一千九百米的五指山交匯後，形成常年充沛的雨水，因而盛產茶葉、八角等作物。

趙家的四代女人身上，遺傳着坳瑤女人果敢耐勞的血液基因。趙盤麗常常想，是不是自己的生活，會像母親、外婆和曾祖母一樣，永遠是上樹採八角和進山採茶那樣的一成不變？

趙盤麗迷戀寨子裏跳了幾百年的黃泥鼓舞。

幾百年來，瑤族人保留着跳黃泥鼓舞來祭拜祖先盤王的傳統。爺爺盤振松，是家族第十五代黃泥鼓舞傳人，也是國家級非物質文化遺產黃泥鼓舞國家級代表性傳承人。

黃泥鼓舞就是在紀念盤王的時候敲打黃泥鼓所跳的舞蹈。在瑤族世代傳頌的《過山榜》中記載：瑤族祖先盤王，是一位勇猛的英雄人物。在民族陷入危難的時刻，是盤王勇敢地用計謀把敵人首領的頭顱取下，部落人民的生命財產才得到了保衛，因此國王封他作為王，人民便稱他為「盤王」。盤王與心愛的三公主結婚後居住在山裏，生育了六個女孩和六個男孩，這便是瑤族的支裔。一天，盤王帶着自己的兒子們到山上打獵，遇到大山羊，被山羊撞下山崖後喪生，悲痛欲絕的三公主在山下發現了盤王的屍體。三公主便命子女們將屍體旁的泡桐樹砍下，鋸成了七段，將樹心掏空製成一個母鼓和六個公鼓的鼓身，還將那隻山羊的皮

剝下製成鼓面。在鼓面上塗抹黃泥，因為黃泥塗在鼓皮上可以遏制鼓聲的噪音。他們狠狠地敲擊山羊皮鼓以悼念盤王，發洩心中的悲憤。這就是祭祀盤王時要擊打黃泥鼓、跳黃泥鼓舞的由來。

與傳說相應的是黃泥鼓的形態結構和製作方法。黃泥鼓分為「大」（低音鼓）、「小」（高音鼓）兩種形制，坳瑤稱「母鼓」和「公鼓」。母鼓，鼓腔以整段泡桐木挖空製成，腰部粗短，近似兩個寬口徑杯底對合，鼓長約三尺，口徑約八寸。公鼓，為整段酸棗木挖空製成，腔體中腰細長，似兩個倒接的細長喇叭，鼓長約三尺二寸，口徑約四寸。腔體兩端均蒙以山羊皮或黃牛皮，並用鐵鉤繫條勾聯組絡，條間插入竹條，用來扭轉繩索產生不同的鬆緊度，從而調節皮面的音高和音量。母鼓音沉，公鼓聲清脆。跳舞時，一隻母鼓控制多隻公鼓的方向和節拍。

黃泥鼓性別的區分，體現坳瑤萬物有靈、以己度物的思想。趙盤麗跟爺爺說過幾次想學打鼓的事情，但爺爺都沒有同意。

「我們原來跳盤王（祭拜盤王）的時候才跳黃泥鼓舞，跳盤王的時候沒有女人參加這個盤王儀式，所以沒有女人跳黃泥鼓舞。」盤振松嚴肅地說道。

黃泥鼓舞源於瑤族人對祖先的祭拜，按傳統，一直傳男不傳女。在下古陳村中擔任母鼓的鼓手是村中德高望重之人，擔任公鼓的鼓手則是他的徒弟，鼓手全由男性擔任。

「女人是不可以打鼓的……」媽媽也在旁勸慰。

與趙盤麗的想法不同，由於現在生活方式和娛樂方式的變化，下古陳村很多年輕人都不再願意學習跳黃泥鼓舞。一來他們認為學跳黃泥鼓舞並不能很顯著地改善家庭的經濟收入，越來越多的年輕人選擇了離開

家鄉外出打工掙錢；二來即使是在有報酬的前提下，年輕人大多數只是臨時學習，沒有對黃泥鼓舞進行深入的學習，只是形像而神不像。或許，更深層的原因還在於他們意識不到黃泥鼓舞對他們自身價值的意義和傳承的價值，也擔心因為黃泥鼓舞跳得好而被要求成為師公的傳人而產生抵抗的心理。

趙盤麗十五歲初中畢業後，沒有選擇外出打工。與外面的世界相比，她喜歡下古陳村彌漫的八角清香。更重要的是，她不喜歡過跟別人一樣的生活。

經不住趙盤麗一再央求，也考慮到黃泥鼓舞的傳承現狀，爺爺終於答應教她打鼓。

「趙盤麗，打鼓了……」

聽到爺爺的呼喚，趙盤麗開心極了。隨即和爺爺乘着竹筏來到一片靜謐的河灘，學習打鼓。爺爺先是教趙盤麗用黃泥漿塗抹鼓面進行調音的方法。坳瑤先人至今保留了獨有的用黃泥漿塗抹鼓面進行調音的傳統。調音時，一邊抹泥漿，一邊旋轉鼓繩中間的竹片，其音調與音準控制，全憑舞者耳力和經驗。

黃泥鼓的演奏方法，有固定的一套程式。公鼓在演奏時，左手抓住鼓腰，將鼓放到胸前的位置，右手的掌心由下鼓面向上托起，同時擊拍鼓底；母鼓在演奏時，將鼓掛在腹前的位置，左手拿着竹板敲擊左邊的鼓面，右手徒手拍打右邊的鼓面。

舞者的步伐，是學跳黃泥鼓舞的重點。黃泥鼓樂舞是為祭祀偉大的瑤族祖先而跳的，在祭祀中必須同時進行公鼓和母鼓的演奏，這樣才能求得神靈保佑與民族昌盛。手持公鼓的人，圍繞在手持母鼓的人的周圍

舞蹈。在旋轉的同時，要配合鼓點的節奏與前進的方向。

趙盤麗在爺爺的指導下，一步一步地學習着。

每到瑤民的「盤王節」，盤振松會帶領隊伍打起黃泥鼓，舞蹈活動貫穿整個祭拜盤王的儀式。

他回憶着往年的儀式盛況：當地德高望重的師公會選定祭祀儀式舉行的地點，祭祖儀式一般在夜間進行。祭祀活動即將開始的信號，是遠處傳來的鑼鼓聲，寨中男女老少都會參加。隊伍前面，是一尊出自老村長之手的新雕刻的木質盤王彩色塑像，跟隨着一隊敲打着鑼鼓的坳瑤男女，被安放在師公選好的祭祀場地的供桌上。祭祀場地的北端，用竹竿捆紮成的模仿現在舞台上下場口的「陽門」和「陰門」，便是為了區分「塵世」與祭祀「聖地」。

在盤王塑像安放的供桌前，按照順序依次擺放的是土地公、雷神、雨神、白娘娘、靈娘和豬、牛、虎、熊等木殼面具，代表着各路神靈，面具前供放着的是祭祀儀式前剛剛宰割的豬頭和香火。

待祭祀儀式場地周圍的鑼、鼓、鑔等樂器齊鳴，宣告祭祀活動正式開始。一位鼓手打母鼓，四位鼓手打公鼓。公鼓在母鼓的率領下，敲擊着音色各自不同的黃泥鼓，穿過象徵塵世的「陽門」向祭奠的「聖地」走來。他們在環繞供桌敲奏幾圈後，打母鼓者領奏，四面的公鼓眾星捧月般環繞着母鼓，外圈順時針方向跳轉，且隨着打母鼓者的節奏拍擊着自己的公鼓，跳起持重而古拙的長鼓舞。之後，師公舞插入其中。師公頭戴面具，手拿搖鈴繞神桌一周獨舞。後又有雙人，手拿搖鈴舞。最後，眾人合舞。師公唱腔中透出苦澀而顯得悲愴，似乎代表着過去的艱難歲月，黃泥鼓樂舞的節奏在這裏變得熱烈、奔放而顯示出生命的活力。

　　黃泥鼓樂舞是坳瑤族群的集體表述與記憶。只要跳起長鼓舞，就是在提醒子孫後代不忘先人的恩情，不忘自己是盤王的了孫，不忘自己是瑤人的一支。黃泥鼓樂舞，早已成為瑤族身份認同、群體意識的文化符號和音樂行為。

　　趙盤麗的學鼓之路，才剛剛開始。

　　她知道，雖然以後自己不一定能去參加祭拜盤王的儀式，但她可以教孩童抹起黃泥漿、打起黃泥鼓，成為像爺爺那樣的傳人！

● 傳承人盤振松

● 趙盤麗

盤振松用黃泥漿塗抹鼓面進行調音（上）
黃泥鼓舞（下）

進村不見房，遍地是坑道
—— 地坑式窯洞

● **地點**：陝　西
● **技藝**：省級非物質文化遺產代表性項目　渭北地坑式窯洞建築技藝
● **人物**：宋先民　省級非物質文化遺產渭北地坑式窯洞建築技藝省級代表性傳承人

　　上萬年前，中國的先人們開始了鑿崖壁而居的生活，這種獨特的居住形態成為後來窯洞的雛形。中國西北部，黃土高原溝溝壑壑，在陝西，全省面積的百分之四十五都是由黃土地貌組成，它深刻影響着陝西的建築風格，窯洞建築技藝就是當地人千百年來所摸索創造的獨特建築方法。窯洞的形態非常多樣，在土層深厚的渭北高原，由於下挖層黏性好，這裏發展出一種結構穩固的地坑式窯洞。

　　渭北地坑式窯洞，也叫天井院、地陰坑、地窯，是一種下沉式窯洞四合院村落。地坑式窯洞巧妙地利用黃土直立邊坡的穩定性，就地下挖一個深八至十米的方形地坑，形成四壁閉合的地下四合院，在四面的

窯壁上開挖出各式窯洞，滿足生活所需的各類空間要求，包括主窯、副窯、廚窯、牲口窯、糧窯、柴草窯、通道窯等。

地坑式窯洞因在地面以下，因此具有典型的冬暖夏涼的特點，這種渭北黃土高原獨特的建築模式，兼有窯洞和庭院建築的風格。作為中國西北黃土高原上居民的古老居住形式，渭北地坑式窯洞建築技藝，經由涇陽縣興隆鎮侯莊村川西組申報，已被列入陝西省非物質文化遺產名錄。

宋先民，涇陽縣興隆鎮侯莊村川西組的村民，他是省級非物質文化遺產渭北地坑式窯洞建築技藝代表性傳承人。在侯莊村，宋先民是公認的建造下沉式窯洞的行家裏手，被村民們譽為「大把式」。

為了傳承渭北地坑式窯洞建築技藝這一非物質文化遺產，宋先民這天召集村裏人開會，共同商量修復地坑窯的事情。

「各位鄉親，今天把大家召集來咱開一個短會。短會的內容，就是關於咱祖祖輩輩居住的這個地窯。」宋先民說，侯莊村原有八十多口地坑窯，後因填平復墾，僅剩一口廢棄的地坑窯。

這次，宋先民想和鄉親們一起把這僅存的地坑窯原樣修復。在過去，渭北高原上每位普通勞動者，一生中幾乎都給自己家打過窯洞或幫助村民鄰里建過窯洞。對大多數村民來說，除了勘察窯址需要一些風水方面的知識外，修建窯洞幾乎是一項必備技能。

「咱們這次經過這個修復，就是和咱原來祖先所居住的那個環境基本要達成一樣的。讓咱的後人能了解到當時的祖先在這兒是如何生活、如何生存的。」這座地坑窯，修復之後即將變成一個集渭北民居、民俗、農耕文化於一體的「渭北高原地坑式窯洞博物館」。

這次因為是修復廢棄的地坑窯，不需前期勘察窯址的過程。通常在

建造一口新的地坑窯時，窯址的勘察尤為關鍵。主人在建造窯洞時，必須請當地有名的風水先生或本村熟知鄉風民俗的老人勘探選定窯址，用羅盤確定方向，再用白灰撒線定出位置。

選定窯址後，便是挖窯。人們以籃子、耙子、扁擔為勞動工具，一層一層地向下挖掘，隨着院庭的下伸，要留出台階供勞動者上下往返。挖土時為了加快勞動速度和增加娛樂成分，技藝高的挑擔人往往進行甩籃，即挑擔人從地面用扁擔掛鉤將空籃子，從空中甩向窯底的挑擔人，窯底的挑擔人用扁擔掛鉤在空中接住籃子，整個過程極具觀賞性。

「往這邊來一點，往東邊來一點。好！就這樣釘。開工了啊！」

修復工程從漫道開始，漫道是一條長坡徑的人行道，從地面到地下的出入口。

「大家可以看一下，現在這個窯洞，經過這麼多年，可能這個漫道損毀太厲害。」由於舊漫道破損嚴重，宋先民決定重開一條新漫道。

挖好漫道後，要在入口處建造一座頭門。地坑窯以院內其中某一孔窯洞做頭門，經漫道通往地面。頭門、漫道的佈置形式和標高需因地制宜，能工巧匠們都能靈活變化地設計出各種地坑式窯洞的入口佈置方式。從平面佈置上區分樣式，有直進型、曲尺型、回轉型和雁行型四種；從入口通道和天井院的位置關係區分，有院外型、跨院型和院內型三種；如果按照入口通道剖面形式分，又有敞開的溝道型和鑽洞的穿洞型兩種。多種不同的樣式，體現了因地制宜，創新多變的特點。

建造頭門，首先要把地基夯實。宋先民訂製了一塊新夯石，從鄰村請來一位領夯手，村裏會打夯的人都趕來幫忙。

「啦啦的啦呀！」「嘿嘿的嘿喲！」

「同志們呀！」「嘿嘿的嘿喲！」

「高拉個起喲！」「嘿嘿的嘿喲！」

「放上個衛星！」「嘿嘿的嘿喲！」

「怕個的啥呀！」「嘿嘿的嘿喲！」

「嘿嘿的嘿喲！」「怕個的啥呀！」

「嘿嘿的嘿喲！……」

村民們在領夯手的指揮下，有節奏地齊力打夯，打夯號子引來了村中老小的圍觀。

接下來，他們一撥人要修復院子裏原有的滲井。從井底把淤泥一桶一桶運上來。清掉淤泥，才能保證窯院的滲水效果。

窯洞院子裏，另一撥村民開始「洗牆」。窯洞的四面窯壁已被雨水沖刷得凹凸不平，要用三齒耙把牆一點點刷平，村裏人把這叫「洗牆」。「洗牆」這天，村裏人早早過來幫忙，搭好腳手架，搭一層，「洗」一層。整個過程，需要四五天才能完成。

接下來，需要製作箍漫道、修火灶、搭火炕所用的土坯。用土坯搭起立柱，支撐起炕坯的四角，鋪成火炕。鋪好的火炕上抹一層麥草泥，這讓火炕平滑又結實。

地坑式窯洞由於在地面以下居住，除了選擇在乾旱、地下水位較深的地區建窯，做好窯頂防水和排水防澇措施也十分重要。當地農民將窯頂碾平壓光，以方便排水，同時，平整的窯頂還可以用作打穀、曬穀的場地。

歷時五十天，渭北地坑式窯洞終於在冬至之前竣工了。

●

渭北地坑式窯洞

　　進村不見房，遍地是坑道。從周代開始，渭北塬上，八百里秦川曾一度遍佈這種地坑式窯洞。它們成排而列，南側留門，門前有樹，院子中間留有天井，種有果樹，窯頂平整。人在平地，只能看見地院樹梢，不見房屋。渭北地坑式窯洞與黃土大地連成一體，表達着人們對黃土地的熱愛和眷戀。

　　對於久居都市的現代人而言，地坑窯很少為人所知，它完整地保留了千百年來渭北高原上的居住空間和建造技藝，凝固着先人就地取材、在黃土之中獲取生存空間的智慧，承載着厚重悠久的關中文明。渭北地坑式窯洞，是黃土高原建築工藝的偉大創舉，是人類居住史的「活化石」。這，正是宋先民將這座地下四合院完整修復的初衷所在。

修復廢棄的地坑窯（上）
村民正在「洗牆」（下）

原始森林尋「國寶」
—— 長白山野山參

- **地點：**吉　林
- **技藝：**國家級非物質文化遺產代表性項目　長白山採參習俗
- **人物：**董德雙　崔長安

　　美麗富饒的長白山雄踞中國的東北邊陲，被譽為關東第一山。撫松縣，坐落於吉林省東南部的長白山腳下。這裏地處東北平原東部、長白山主峰附近的原始森林中，地處海拔五百至一千米的針葉林、闊葉林地帶，落葉在森林濕度與溫度的作用下，將黑土變成營養豐富的黑色腐殖土。獨特的土壤，構成了野山參特有的生長環境，讓撫松成為人參的王國，全國百分之八十五的野山參均產自這裏。

　　採參習俗，在長白山地區稱為放山習俗。這一習俗可以追溯到滿族的先祖肅慎、邑婁、靺鞨、女真等，明末清初關外漢人不斷湧入長白山挖參，不同的風俗文化不斷融合。二〇〇八年，長白山採參習俗入選國

家級非物質文化遺產代表性項目，撫松也在二〇一一年被我國文化部命名為「中國人參文化之鄉」。

董德雙，長白山的傳奇放山人。

「一百四十多年前，我的祖輩闖關東來到了長白山原始森林裏，那個時候，就是放山抬棒槌。抬到大棒槌，你就發財了。」

棒槌，是當地人給野山參起的外號，因為無鬚的紅參跟生曬參形狀如同洗衣棒槌而得名。自古以來，長白山野山參一直是名貴中藥材，價格昂貴，當前的市值從幾萬至幾百萬元不等。一九八一年，二十一歲的董德雙初次放山，採得一枚三身、十二匹葉、重達二百八十五克的野山參，作為國寶珍藏在人民大會堂，由此一夜成名。然而，此後的三十多年，董德雙再沒收穫放山人眼中的大野山參。

為了找到國寶級野山參，董德雙一行五人，走入長白山原始森林。「我有這個信心，那地方還有一苗大棒槌在等着我，我要再尋『國寶』。」此次放山，有多年放山經驗的崔長安是隊伍的把頭，他負責領隊、記路、看山場。

越往密林深處走，樹木越高大挺拔。「注意腳底！」把頭（領隊）崔長安提醒這樣的樹群中要注意「吊死鬼」。雷雨天，越高的樹木越容易成為導電體，被雷擊中。劈下的斷枝橫於樹冠中間，形成搖搖晃晃的樹掛。放山人經過樹下時，極易被砸傷。董德雙說，北崗有一個老頭上山時不注意，被「吊死鬼」打了，十年躺在牀上，半身不遂。

「這還一個『吊死鬼』。得把它拿下來，這在這裏太危險了。」「拿下來吧，注意安全啊。」

「走，這會兒往這邊走。」「對。」

原始森林，處處潛藏着不可預知的危險。尋找野山參，需要集中注意力。因此，壓山尋參時往往保持安靜，不能說話，放山人手中的木棍是彼此間聯絡的信號。

臨近傍晚，隊伍來到一片松樹林。滿地的松子，讓這裏成為野豬出沒之地。這頭野豬剛剛生過小豬，為保護幼崽，母野豬此時的攻擊力很強。若想迴避攻擊，只能折道而返。

「咱們怎麼辦？」「咱一會兒從這邊繞過去。」

輕腳步，棍開道，四人躡手躡腳過了野豬群。

安全度過野豬群後，隊伍在林中空地稍事休息，煮食晚飯。溫和暖胃的小米，是放山人喜歡的食物。「擱點鹹鹽、油，一塊燜這個小米飯。」一旦帶上山的小米吃完了，放山人就要下山回家，這是不變的規矩。

吃完晚飯，隊伍繼續行進。一連三天，隊伍都始終沒有收穫。這天，他們壓過一片山場，古樹茂密，人在其中，會覺得中間低、四周高，不由產生一種壓迫感。

「老崔，雨這麼大，咱往哪走啊？」「你拿出指南針給我看看！」

「你指南針現在根本信不下去了！」「聽我的直接往前走！」

周家林懷疑崔長安失去了方向感。崔長安卻篤定，自己的方向是正確的！

夜色降臨，周家林發現了那頂掛在樹上、被以前放山人落下來的舊帽子。兩個小時前，他看到過這頂帽子！這意味着，他們又回到了原點！

「老崔，你看你這說得對，怎麼又到這帽子邊上嗎？這帽子你看看！」

「今天雨太大了，要平常你看樹冠看青苔都能出去。」

「你説對不？你不是説對嗎？」

「好，好！是雨太大！」

面對着隊伍中升起的不安和埋怨，崔長安努力找尋正確的方向。隊伍失去了方向，這就是山裏人所説的「麻達山」（迷路）。往往陰天沒有太陽的天氣容易迷路，放山人可通過看大樹根部的苔蘚、看河流的方向、聽動物的鳴叫聲等方式來確定方向。因為身處雨夜，富有經驗的崔長安也很難判斷方向。

等不到崔長安四人回到臨時住地，負責給放山人做飯的「端鍋」非常擔心四人的安危，他拿起手電，去尋找崔長安、董德雙一行。

「到這了，才全明白。」放山人有看流水走勢辨識方向的本事。崔長安來到一條溪流前，迅速調整了東南西北坐標。

清晨時分，趟過溪流的四人又進入一片沼澤地。

「老崔，老董，我掉溝塘子裏了！」「我們馬上到啊！」

「慢點，這裏險啊！」「先把棍連上，快快！拽住，拽住啊！一二，使勁。一二，好，好，好！」

因為四人一夜未歸，端鍋外出尋找。「好幾個小時了，我去找你們也沒看着，就掉這溝塘子了。」誤入沼澤地後，因不熟悉地形而掉進溝塘。他深夜裏不敢亂動，天亮才深一腳淺一腳地摸到了溝塘邊緣。

進山第七天，夥計們所帶的小米快吃完了。衆人商量，再堅持一天，如果沒有收穫，只能空手下山。他們來到一片山陰之地，背陰一面的山體多石縫、洞穴，植被茂密，水源充沛。這樣的山場環境，往往是群蛇藏身之處。

崔長安、董德雙一行進入蛇陣，這是一場闖入者與領地主人的鬥

爭！撫松長白山，有大蛇護參的傳說，因蛇與參的特殊關係，放山人不敢輕易傷蛇，僅憑膽量、經驗和手中的一把索寶棍，穿越蛇群。大蛇可以挑走，體短、長有毒性鉤牙的劇毒蝮蛇，只能用索寶棍一點點清理乾淨。

「拿火（休息）！」「好！」勇闖蛇陣後，把頭崔長安發出「拿火」休息的口令。「拿」是順利、吉利之意，放山人的很多詞彙都加「拿」字。

此時，董德雙提議可沿剛才大蛇的蛇頭方向去尋參。「今天咱看這些蛇，特別看那個大的，頭朝哪咱往哪邊去壓，朝西咱就往西壓。」

崔長安觀察，這裏長有紅松、槭樹、柞樹、椴樹、水曲柳等樹種，正是容易發現人參的五花樹原始混交林。於是，董德雙決定帶大家一路向西！

「棒槌！」「什麼棒槌？」

「五匹葉！」「快當，快當！」

「哎呀，這麼大一個。還通紅的籽。」董德雙發現了一支五匹葉野山參。

第一個放山人發現人參葉子，立即停止找參，喊「棒槌」，為喊山。發現人參者喊山後，其他人立即問「什麼貨」？為接山。發現人參者聽到接山後，回答人參的葉子數量，為應山。當發現人參者回答幾匹葉後，其他人一同大聲喊：「快當，快當！」這是賀山，有祝賀和順利之意。

「再壓壓山，壓壓那邊，招呼招呼接山啊！」「好！」這裏的「壓山」是指放山人手持索寶棍撥拉着草叢搜尋人參。

當喊山、接山、應山、賀山這系列程序完成後，抬參開始了。抬參就是挖參，是採參中最難的一個環節。放山人常說，發現人參不算能

耐，抬出人參才是真本事。

「把它升起來！」「跑不了了，步步升高了，好了！」

抬參的整個過程，有時長達三四個小時。把頭從工具包中取出快當地子（大多由鹿骨製成，又稱鹿骨地子），便正式往外挖參。野山參極其珍貴，參鬚以橫向脈絡向四周土壤伸展，抬參時不能破壞一絲參鬚，否則營養會迅速流失。

「老董！」「哎！」

「把苔蘚拿來，打（人參）包子。」人參抬出來後，將人參根鬚放在苔蘚上包嚴實，外面用樺樹皮再包一層，這個過程稱為「打參包子」。樹皮包好後，再用樹皮繩把參包子捆上兩道，稱為「打要子」或「捆要子」。

在原始森林歷經艱辛，終於找到國寶，董德雙完成了此行最初的念想。他驕傲地說：

「就是在咱長白山這個原始森林裏頭才能找到這樣的腐殖土，這樣的腐殖土才能長出這樣的大棒槌！」

長白山的黑色腐殖土造就了神奇而價格昂貴的野山參，也練就了放山人強大的野外生存技能。

「我初把放山，就拿了國寶大棒槌。這些年，我就是上山拿棒槌，家裏種棒槌。」董德雙說，這就是他和人參的緣分。

土壤饋贈給長白山放山人生存下去的資本，也讓每一個放山人，成為真正的長白山漢子！

採參中最難的一個環節抬參（上左）
野山參通紅的籽（上右）
董德雙發現了一支五匹葉野山參（下）

經過沼澤地（上）
董德雙一行人走進長白山原始森林（下）

陶釉作畫，溢彩流光
—— 台灣寶石釉陶畫

● **地點**：台　灣
● **技藝**：台灣寶石釉陶畫
● **人物**：劉銘侮

　　太平洋西海岸風光明媚、氣候溫和，在花蓮吉安南海九街上坐落着台灣規模排名第五的美術館 —— 劉銘侮美術館。它建立於一九八一年，佔地一千多平方米，是聞名世界的國寶級陶藝大師劉銘侮的私人陳列館和工作室，展示着劉銘侮數十年來精美的陶畫創作和大量珍貴的文物藏品。

　　劉銘侮，寶石釉陶畫的發明人和創作者。他是清朝一代名將黑旗軍統帥劉永福的第四代玄孫，一九四九年出生在台灣彰化永靖。一九六四年，十六歲的劉銘侮拜在台灣建廟大師林文賢門下，學習寺廟建築藝術，涉獵古典土木工程設計、油畫、剪粘、石雕、木雕、交趾陶六大藝

術類別，並將建廟藝術的六大門類融會貫通。十七歲時，他通過勤奮和
天賦成為台灣最年輕的建廟師傅。劉銘侮回憶道：「那個時代，我一天可
以做三十六件泥像。那個紀錄到現在還沒有人可以破。」

結婚成家後，劉銘侮師從林添木學習交趾陶和寶石陶的提煉秘術，
開始在交趾陶和寶石陶上發展。交趾陶，是清朝道光年間由廣東交趾鎮
（今佛山）人劉構思引入台灣的工藝，製作工藝難度極高，燒製出的人物
或動物造型陶偶以白、黃、綠為主色，兼以赭、藍、紫等色，用於傳統
建築物尤其是寺廟屋頂的裝飾，遺憾在時光變遷中逐漸失傳。劉銘侮在
恩師的指導下，找回了失傳數十年的秘方，經過百餘次的試驗，成功復
興了交趾陶的製作工藝。

二十世紀八十年代，劉銘侮首次將用於寺廟裝飾的交趾陶研發為現
代藝術品。他藉着陶土塑性的自由，完整表現藝術家的情感及手技，加
上現代人的科學思想和超現實觸覺，再配合高科技的燒陶設備、窯爐結
構變化處理，混合古今陶與瓷高低溫釉藥的應用及幾何程式設計，最終
融合孕育具有現代中國味的陶藝。這就是劉銘侮現代交趾陶的創作。

此後二十年，劉銘侮又將傳統的交趾陶改良為寶石陶。他遵循恩師
林添木遺訓，將不同於交趾陶且完全為礦物配方的寶石釉彩成功提煉出
來，同時又把陶骨和釉燒溫度提高，燒製出了一百多種釉色。從低溫的
交趾陶到高溫的寶石陶，一種晶瑩剔透、燦爛炫彩的陶器工藝品誕生
了，劉銘侮收獲了更多的聲譽和讚美。二〇〇一年劉銘侮被列為台灣十
大聞名藝術家，多年來在台灣博物館和台北市立美術館舉辦大展，還多
次應邀前往美國、西班牙、巴西、阿根廷等國舉辦個人藝術展。

在巴黎展覽時，一位英國畫家對東方陶藝的評價，讓他做出了一個

重要決定。他告訴劉銘侮說，全世界最高檔的藝術屬於油畫，東方的陶藝美是美，只能排在油畫的下面。這讓劉銘侮下定決心：要將東方的陶藝跟西方的油畫結合在一起。

二〇〇二年，他開始嘗試將西方的油畫和東方的陶瓷結合在一起，用了近六年的時間，終於研發創作出了一種新的陶藝形式 —— 寶石釉陶燒油畫。寶石釉陶燒油畫，就是以寶石釉料作畫料，用泥土燒製而成的陶板為畫布，燒製出的油畫風格明顯的新畫作體系。

這一天，劉銘侮要創作一幅主題為「福建桃」的寶石釉陶燒油畫。

劉銘侮先用各類寶石礦物和一些金屬調配成釉料，以此作為寶石釉陶燒油畫的作畫原料，再用泥土燒製成陶板，作為畫布。準備完各種材料後，劉銘侮開始在素燒的陶板上創作。

「我這棵福建桃，它那個形狀都已經出來了。」不一會兒，劉銘侮就在陶板上用釉料勾勒出福建桃的形狀。作畫時，釉料的拿捏非常重要。釉料不可任意揮灑，而是要求每個線條與筆觸之間，都要留有細微的空隙，為釉料在之後的燒製過程中留出反應空間。

劉銘侮分享自己的創作靈感。他作品的靈感始於對「意境」的闡述，內心執着於對輪廓線條美的勾勒，更醉心於顏色揮灑的層次。畫中有西方厚實的顏色，也有東方淡泊的意境，還有現代前衛的因素。他的作品既揮灑大氣，又細膩古雅，再加上釉料因高溫燒出了許多意想不到的色彩，從而使作品整體質感瑰麗多彩，創意獨具一格。

繪好陶畫後，劉銘侮小心翼翼地把陶板放進電子控溫窯爐中燒製。寶石釉陶燒油畫的製作原理是在高溫作用下，讓藥釉與陶板充分窯變，形成肌理突出、油畫風格明顯的寶石釉陶畫。

經過二十四小時的燒製，起窯了。

高溫燒製而成的福建桃，表面質感豐厚優美，遠看自然立體，近看氣質高貴。畫面如灑金釉澤惠金點閃閃，灑雪花釉則會在白色石英釉裏散佈着銀點蒼蒼，如採用高白金元素的玫瑰紅，更是美不勝收。若以放大鏡觀看，各類寶石的結晶體粒粒散發七彩光芒，讓人有如進入琉璃世界一般。

中國的文化藝術博大精深，舉凡木雕、石雕、陶瓷、玉器、鑄銅、書畫、刺繡等都有豐富遺留。劉銘侮認為，陶瓷最具文化特色與玩賞收藏價值，尤其質地永久、保留性強最受世人重視，也最代表中國氣質。陶瓷兩者，又以陶器比之瓷器更具意趣，也較能保留藝術家情感的表現痕跡。陶器因泥塑性高及溫度較低，故燒出來的陶物體一般都能保留藝術家手捏質料感，可窺探出作者在創作當時的心境和情感痕跡。

多年來，劉銘侮創作了大量構思新穎、表現手法奇特的精緻作品。那些嵌在畫框裏的人物、山水、花卉、翎毛、走獸、魚蟲，遠遠看去有的酷似色彩豐富的油畫，有的酷似中國的水墨畫，但仔細揣摩又似而不是。有的運用中國畫以散點透視結構創作理念，有的則用西畫焦點透視佈局。在燈光的照耀下，畫框裏和陳列架上的作品釉色熠熠，猶如晶瑩剔透的天然寶石。透過劉銘侮創作的寶石釉陶畫作品，我們可以感受到他的美學觀與創作觀，體驗不同的繪畫風格。

寶石釉陶燒油畫這種特殊的藝術形式，將傳統的陶瓷工藝與西方陶瓷藝術完美結合起來，將陶藝從工藝作品提升到藝術創作的境界，為當代中國陶瓷藝術的研究探索出一條嶄新的道路。

如今，劉銘侮一家四口都在做寶石釉陶燒油畫。一家人在一起工

作，劉銘侮是靈魂。兒子眼中的父親嚴
肅而又風趣，可在女兒的眼裏，父親始
終是一位喜歡與她打鬧的朋友。

我們在劉銘侮先生的臉上，絲毫不
見他年近古稀的時間痕跡。這位國寶陶
藝大師，始終以自己旺盛的藝術生命
力，投身於陶的藝術！

陶畫中每個線條與筆觸之間都留有
細微的空隙

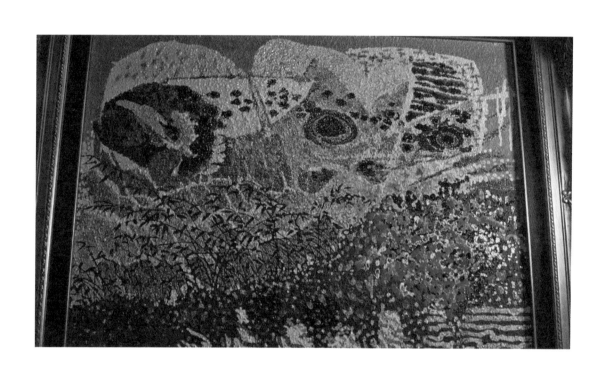

寶石釉陶畫肌理突出的畫面

劉銘侮寶石釉陶畫作品

純淨無我的匠心旅程
—— 熱貢泥塑

● **地點**：青　海
● **技藝**：國家級非物質文化遺產代表性項目　熱貢藝術
● **人物**：夏吾角　國家級非物質文化遺產熱貢藝術國家級代表性傳承人

　　青海省黃南州同仁縣，著名熱貢藝術之鄉。熱貢藝術是我國藏傳佛教藝術的一個重要流派，主要包括唐卡、堆繡、雕塑、圖案、建築彩畫、酥油花等多種藝術形式，因發祥於同仁縣隆務河畔的熱貢而得名。熱貢藝術造型準確生動，設色勻淨協調，工筆精細絕美，富於裝飾性，是藏族不同地區之間、藏漢民族文化之間交相輝映的產物。熱貢藝術於二〇〇六年被列入國家級非物質文化遺產保護名錄，二〇〇九年被列入人類非物質文化遺產代表作名錄。

　　雕塑在熱貢藝術中佔有顯要的地位，以泥塑為主，也有木雕、磚刻、石刻等不同形態。泥塑是以泥土為原料，以手工捏製成形的雕塑

工藝品，泥塑堪稱佛教寺院的主體藝術。無論大寺小院，都把菩薩、金剛、天王、教派首領、活佛、大德高僧以及與其相對立的魔怪詭異的泥塑造像放置在佛殿核心，圍繞這些大中型塑像的還有成千上萬的小佛像，以此組成浩大的佛像群，供信徒膜拜。

夏吾角，是國家級非物質文化遺產熱貢藝術代表性傳承人。

一九六六年，夏吾角出生在青海省同仁縣隆務鎮加倉瑪村，他從小跟着父親學習泥塑、唐卡、壁畫等技藝。一九八六年，他師從黃南州著名的熱貢藝術大師登丁，泥塑技藝功力大增。回憶起當初跟隨登丁大師學習泥塑的情景，夏吾角説：「登丁大師那時已經很有名望了，可是只要我去求教，他都會很耐心地教導我，那段時間的學習對我幫助很大。我能在泥塑行業裏做出一些成績，離不開老師的悉心教導，我很感激登丁大師。」

數十年的從藝實踐，使夏吾角在唐卡、泥塑、堆繡等熱貢藝術門類上都具有較高的造詣，他的作品在絢麗中彰顯神聖，在靈動中透出莊嚴，既傳遞了佛教教義、教理，亦給人以崇高的藝術享受。

現在，夏吾角打破熱貢技藝家族傳藝的模式，創辦了熱貢藝術學校。

少年夏吾楊巴在牧區長大，家境貧寒。這年夏天，夏吾楊巴中學畢業，奶奶想讓他拜在夏吾角大師門下，學門手藝。

來到加倉瑪村的仁俊熱貢藝術傳習院，夏吾角讓徒弟們帶上夏吾楊巴一起去採紅土。紅土是做熱貢泥塑最好的材料，每個學泥塑的學生首先要學會採紅土。把紅土製成的佛像賣出去，徒弟們才有了收入的來源。

夏吾楊巴跟着師兄們出發了！這將是他學習熱貢泥塑之路的開始。

一億年前的白堊紀時代，印度板塊與亞歐板塊的衝撞，隆起形成青

藏高原。黃河長江自此一路沖擊，為中下游地域不斷輸送人類賴以生存的土壤。黃南州的紅土，土質細膩，黏性好，製成的佛像能夠做到歷經千年佛身不壞。做熱貢泥塑的藝人對紅土有種敬畏之情。向大自然中取擷紅土，要經過寺院師父允許，要經過祭拜土地之神的程序，以表達對大自然的崇敬。

「這是好紅土。」夏吾角説。紅土層在黑土層之下，與紅沙土層混在一起，下挖一米以下，才有可能找到。

「夏吾楊巴，採泥時要注意，紅土的質感要綿軟，不能混進有一粒沙。」「嗯。」

他們把一袋袋採集的紅土裝上車，猶如豐收般喜悦。

第二天清晨，少年夏吾楊巴早早地來到廠房，發現師母正在夯打新採的紅土。

「要打多長時間？」夏吾楊巴問。「時間越長越好，你要細心打啊！」師母把夯打紅土的工作交給了他。紅土經過夯打，才會擁有做紅泥佛像的黏性，這是紅土的第一步變化。夯打過程中，還要加入適量的棉花，柔弱的棉纖維會對紅泥起到拉伸作用。經過上千次地夯打，夏吾楊巴終於完成製作佛像的第一道工序。

下一步，夏吾楊巴等徒弟開始磨製六香。六香是六味藥，在做藥泥時要齊全。

夜晚，夏吾角帶領徒弟們研磨添加到紅泥中的佛家七寶，紅珊瑚，紅、藍寶石，藍銅礦，綠松石，金子。這些價值不菲的寶石、金銀，經過上千次的粉碎、敲打，變成顆粒。除此之外，他們還要把珍貴的藏紅花、檀香木等藏藥和木材研磨成粉，這些材料的加入，會讓佛身永遠散

發出淡淡的清香。

第三天上午，僧人們為夏吾角帶來了長江、黃河的源頭聖水，將它們加在製作佛像的紅泥之中。青藏高原是長江與黃河的源頭之地，沿着聖潔的雪峰流下，兩條大河一路奔騰，孕育了中華璀璨文明。熱貢藝術家們視兩江源頭之水為聖水，在製作佛像的過程中，在紅泥之中加入聖水已經成為這項技藝的特有傳統。

夏吾角師徒經過一夜研磨而成的佛家七寶粉末，被僧人們撒入紅泥。聲聲唱唸之中，完成了紅泥到紅藥泥的轉變。

晚上，師父夏吾角帶着夏吾楊巴一起，開始製作紅泥佛像。

「夏吾楊巴，桑德加，這個紅土混了很多稀世奇寶，還有很多珍貴藥材，靜下心來才會做出更好的佛像。」藏傳佛教中各種神祇尊像，均是根據經典的儀軌制定的。《大藏經·工巧明部》中的「三經一疏」，即佛像影量經、繪畫度量經、身影量佛像，對傳統的佛像製作有詳盡介紹。

「就沿着這樣做就好。」師父夏吾角手把手教徒弟們捏製佛像。用藥泥構建佛身的過程，要嚴格地按照比例操作，需要藝人牢記其中的比例結構。每一處表情、每一縷線條，都考驗製作者對造像經文的理解。

「像這樣一層一層，就這樣，要輕柔地刷。」夏吾角給徒弟們做示範，一起給佛像上色。

第四天清晨，夏吾角帶夏吾楊巴參觀熱貢藝術博物館。這座博物館是夏吾角在政府的幫助下建立起來的，幾乎投入了他全部的創作所得，他還特別創作了大量的泥塑、唐卡、堆秀等優秀作品。

泥塑工藝的過程複雜而艱巨，每塑一尊佛像要經歷選土、砸泥、雕塑、摸壓、上色、描金、製背光、塑蓮座等多道工序。紅泥佛像前，夏

吾角向少年人講，製作佛像，就是一個表達聖心與自我釀心的過程。佛態講究靜慮，站在佛前能驅散人們心裏一切雜念，就被自然地帶進一種祥和的氛圍裏。

經過一個月的忙碌之後，夏吾角師徒終於可以為寺院裝佛了。

裝佛是一宗神聖之事。佛像最後一步是點睛，這是一個莊嚴的時刻。佛像開光加持時，要經過僧人們的誦經，把賦有靈氣的佛像化身佛尊，經過這樣才完成了裝佛。

佛像開光啟用的那一刻，夏吾楊巴無比喜悅，這尊泥雕佛像裏，有他採的一把紅土，有他用木棍夯打的藥泥，有他製作佛像時的專注與虔誠。

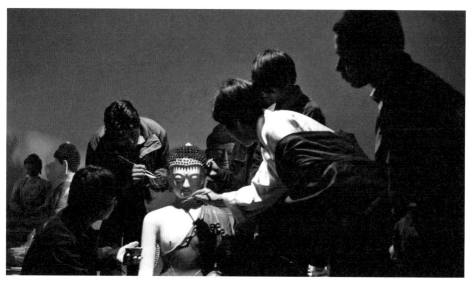

研磨佛家七寶（上）
給佛像上色（下）

●

刻畫佛像上的線條（上）
夏吾角為佛像點睛（下）

　　禮之用，和為貴，中國是禮儀之邦，也是崇尚「和」的國度。在中國人的生活中，和的影子隨處可見，散發着獨特的東方光澤。

　　在中國古老的字典《說文解字》中，「和」意思是相應，《廣雅》中指出「和，諧也」。萬物之間，彼此之間緊密聯繫，有着獨特的互動韻律。

　　兩千多年前，華夏祖先提出了「天人合一」的觀念。在惡劣的自然環境下，祖輩們順應自然法則，尋求人與自然的和諧相處之道，惠澤我們至今。南海波濤之上，《南海航道更路經》創造新的坦途；在大草原上，有天人相和的呼麥；在群山之間，有衆人相和的侗族大歌；上海灘的十里洋場，造就了包容共生的海派旗袍，而在香江之畔，葉問和他的後輩們，又將止戈為武的詠春拳發揚光大。

　　因為崇尚「和」，人與人之間的生活，儘管千姿百態，在這一項項歷久彌新的技藝之間，日復一日的平凡生活被重新塑造，成為我們最珍惜的人間。和而不同是不同文化之間和諧共處的準則。無論是對話自然，還是親朋相見，無論是一舉一動，還是一衣一飯，在中國人的生活深處，處處可以找到一個「和」字的影子。

　　過去和未來，百千技藝的傳承和創新，都離不開一個言說不盡的字，那就是「和」。

南海航行路線的「秘笈」
——《南海航道更路經》

- **地點**：海　南
- **技藝**：國家級非物質文化遺產代表性項目　南海航道更路經
- **人物**：鄭慶能　國家級非物質文化遺產南海航道更路經省級代表性傳承人
　　　　　鄭　輝　鄭　峰

海南文昌縣的碼頭上漁船雲集，「瓊文昌 10099 號」漁船正在做出海前的準備，這艘船屬於鄭輝。鄭輝一家祖祖輩輩都是漁民，他二十五歲就開始跟着父親下海捕魚。

這次，鄭輝要去西沙，來回需要一個多月時間，所以他要準備足夠的食品。加滿柴油和淡水之後，鄭輝的船離開了碼頭。

從海南島到西沙，這是一條祖輩們已經走了上千年的航道。早在兩千多年前的漢代，中國漁民就發現了東沙和西沙群島。晉代裴淵的《廣州記》中留下了中國先民在南海諸島捕魚的記述。明清時期，中國漁民

到西沙、南沙群島進行捕撈的人數逐漸增多，活動範圍也日益擴大，鄭輝的祖輩們也在其中。

鄭輝的本家鄭慶能已經八十多歲了，在海南打了一輩子的魚。他有一本在海南航行的「秘笈」——《南海航道更路經》。在沒有現代化導航設備之前，漂蕩在大海上的漁民們主要依靠這一秘笈安排航線，避開暗礁等重重危險。《南海航道更路經》是南海航行路線的知識，是千百年來海南人民在南海航行的經驗總結，於二〇〇八年入選國家非物質文化遺產保護名錄。

自古以來，海南漁民在南海諸島的活動，探索進出南海的安全航線，催生了《南海航道更路經》。它的產生絕非個人所作，也並非一朝一夕，而是一代代航海者口口相傳、筆筆記錄的結晶。明清時期，一部記錄南海漁民智慧的結晶 ——《南海航道更路經》誕生了！

什麼是「更路經」呢？更，是我國古代計算航程的單位。明代顧炎武所撰《天下郡國利病書》中說：「更者，每一晝夜分為十更，以焚香數為度，人從船面行，驗風之迅緩，定更數多寡，可知航至其山洋界。」一更差不多等於六十里，雖然只能表示一個約數，但在沒有測量距離的精密儀器的古代是一個了不起的發明。路，是指導航行路線，即航行的路線圖。「更路簿」指手抄航行路線圖的手抄冊子，「更路傳」是口傳的航行路線經驗，兩者共同構成了「更路經」。

當地諺語說：「家有更路傳，能當好船長。」在長期的流傳過程中，更路簿也有了不同的版本，目前已知現存的有：蘇德柳抄本《南海更路簿》、許洪福抄本《南海更路簿》、鄭慶能抄本《瓊島港口出入須知》和《廣東下瓊更路法錄》、郁玉清抄藏本《南海定羅經針位》、陳記芹抄本

《西南沙更簿》、林鴻錦抄本《南海更路簿》、王國昌抄本《順風得利》、秦興銑存《注明東北海更簿》、蘇承芬抄本《南海更路簿》、李根深收藏《東海北海更流簿》、符宏光填繪的《西南沙群島地理位置圖》等。而現存記錄的口述「更路傳」有：韓健元、齊見德口述的《我的行船經驗》《航海和捕撈經驗》等。

無論是哪個版本的「更路經」，都是祖祖輩輩航海者的實踐經驗。鄭慶能說：「它就是告訴你，你一般的船，依照它的經驗就這樣寫在上面，以前的帆船，它說跑多長時間到那裏，那你速度這樣算的，也有標記列在上面。」對南海海域的清晰把握，讓「更路經」對南海航行產生了重要的指導價值。

《南海航道更路經》到底記錄了什麼？鄭慶能說主要有四個方面的內容。

一是記述對南海海區的劃分。區分南海為「東海」和「北海」，東海即西沙群島海區，北海即南沙群島海區。海南漁民每年趁東北季風先赴西沙，後赴南沙，便稱西沙為東海，南沙則為北海。

二是記述島礁的名稱與分佈。其中記述漁民對南海諸島命名九十八處，西沙群島命名二十二個，南沙群島命名七十六個。命名的原則，有地形、氣候、水文、生物、海產位置、數字、順序、大小、顏色及傳說等十一種。「更路經」所述各島礁的距離和相對方位，就是南海諸島的分佈圖。這些對後來我國標準命名和繪製分佈圖都起着重要的作用。

三是記述島礁的地貌和海況。不但對島礁的形態作圈、筐（礁環）、門、孔（礁環缺口）、峙（島、沙洲）、線（高潮淹沒、低潮呈現）、塘（湖）等區分，還對海浪、潮汐、風向、風暴等氣候和水文情況作述說。

此外，還記錄或口傳觀察海上風雲和出海行船的知識。比如諺語就很多：「六月出紅雲，勸君莫行船（有台風）。」「無風來長浪，不久狂風降，靜海浪頭起，漁船快回港。」「出門看天色，出海看潮汐。」「海潮哈哈笑，台風呱呱叫。」

四是記錄航行線路。南海島礁散佈，對航行來說挑戰重重，南沙群島中部向來有「危險地帶」之稱。「更路經」中的路線圖，是許多漁民用生命換來的寶貴經驗。目前在西沙、南海仍有明清兩代遺留的小廟十四座，既有祭祀海上「保護神」的，也有祭祀海上遇難先民的。其中有一座「一百零八兄弟廟」，就是祭祀在南海航行和作業遇難的一百零八位漁民的孤魂。可以說，《南海航道更路經》是海南漁民在與大海的搏鬥中，用勇氣、智慧和生命寫成的「大書」。

除此之外，「更路經」還記載了三條航線：一是漁民出海捕魚路線，二是華僑出國路線，三是我國古代海上貿易路線。它詳細記錄的南海島礁地理位置與後來用現代手段繪製的航海圖有驚人的相似。

海南的漁民們常說一句話：「學會更路簿，能當海師傅。」《南海航道更路經》這自編自用的航海「秘本」，曾經是每位船長必備的航海圖。鄭輝的弟弟鄭鋒十三歲開始就跟着父親下海打魚，二十三歲時第一次遠行到西沙群島，靠的也是這本《南海航道更路經》。

「我學過那個《更路經》，跟老爺子學的。什麼時候退潮，它以前記錄的什麼島嶼，又是陸地上的什麼變遷，他那時候一定要記住，人命關天。」

《南海航道更路經》不僅是南海航線的指南，還是古代人發現和開發南海諸島的真實記錄，是認定南海諸島自古就是中國領土的有力證據之一。

此外，它還記述了中國通往東南亞、西亞、東北亞以至地中海沿岸

國家的線路，對指導國際交往有重要的意義。除了商貿意義，在軍事上更路經也有特殊的價值。第二次世界大戰結束後，我國收復日本帝國主義佔領的南海諸島時，執行接收任務的太平、中亞、永興、中建四艘軍艦，請海南漁民擔任海上航行向導，航行指南靠的就是《南海航道更路經》。

俗話說「走水行船三分命」，廣闊的南海風險重重，隨時都有可能一去不還。一個羅盤、一本《更路經》，曾是早期漁民出海必備的物品。馳騁在南海的廣闊海疆，今天雖然已經有了精準航海圖標和衛星定位，但對航行水道風向、海浪和潮汐等水文資料的把握，還是離不開長期實踐經驗的積累，離不開這本《更路經》的指引。

「要是船快的話，你第二天就看見鳥，一整天可以找這個島，不是東島有那個鳥嗎？早上你就朝着鳥飛來的方向走，要是晚上，你就跟着鳥走，就這樣，這也是經驗。」

到西沙還有十多個小時的航程，眼下僅僅是開始。

鄭輝一手打開衛星定位，一手握着《航海更路經》，在傳統和現代之間，探尋前進的方向，等待他的將是新一輪的豐收。

「瓊文昌 10099 號」
漁船出海

鄭慶仁（左）和鄭輝（右）一同出海　　《南海航道更路經》

自然和聲
—— 侗族大歌

● **地點：**貴　州
● **技藝：**國家級非物質文化遺產代表性項目　侗族大歌
● **人物：**潘查銀花　國家級非物質文化遺產侗族大歌國家級代表性傳承人
　　　　　吳鳳香　潘婢蘭　吳姐蘭　潘暖孟

　　貴州省的黎平縣、從江縣、榕江縣以及周邊的侗族村寨是侗族大歌的藏身之處，作為侗族地區一種多聲部、無指揮、無伴奏、自然和聲的民間合唱形式，侗族大歌已有兩千多年的歷史。

　　自古以來，侗族就遵循着天人合一、人與自然和諧共生互動的生存理念。侗族沒有自己的文字，他們選擇「歌唱」作為記錄和傳承本民族歷史文化的載體。侗族世世代代都生活在歌的海洋裏。共同習歌、唱歌是侗族人民族文化認同的關鍵，也是產生和諧天籟 —— 侗族大歌的生活源泉。

　　侗族人愛唱歌，歌是他們生活中隨處可見的表達。千百年來，侗族大歌創造性地發揮全民歌唱的功能，與豐富多樣的民俗活動緊密相融。在年復一年、反覆演繹的歌唱活動中，侗族大歌實用功能、審美功能與教育功能兼備，被國內外音樂界高度讚譽為「清泉閃光的音樂」。二〇〇九年，侗族大歌入選聯合國人類非物質文化遺產代表作名錄，走上了世界非物質文化遺產的最高殿堂。

　　吳鳳香，是山東齊魯師範學院的學生。她是一名侗族姑娘，最拿手的就是演唱「侗族大歌」。吳鳳香準備從濟南趕回老家貴州省從江縣小黃村。小黃村位於貴州省從江縣城東北，全寨共有七百多戶、三千三百四十餘人，這裏是久負盛名的「侗歌窩」，被稱為「中國民間藝術之鄉」「侗歌之鄉」。

　　參加侗族大歌節是吳鳳香此行回家的目的。「再過兩天，就是在十一月二十八日的時候，是我們那邊的侗族大歌節。我們九個姐妹就相約在那天，然後在我們的小黃侗寨團聚，然後還要再一次地組成歌隊。」想到親人團聚和侗族大歌，吳鳳香特別開心，特別激動。

　　在貴陽工作的吳姐蘭和潘婢蘭，是九姐妹中的另外兩個。她們從貴陽起身，同樣準備趕回小黃村。九姐妹中年齡最大的潘暖孟，正在等待着姐妹們的歸來。她生活在小黃村裏，每天為遊客們表演侗族大歌《蟬之歌》。

　　一首《蟬之歌》，曾經給九姐妹留下了美好的回憶。二〇〇七年，只有十二歲的吳鳳香參加了少兒侗族大歌隊，隨國家領導人到國外演出。當時演唱的曲目就是《蟬之歌》。二〇〇七年出國演出回來後，吳鳳香和其他幾個姐妹們為了學業和生活各奔東西，再也沒有一起團聚

過，轉眼這首《蟬之歌》已經有七年多的時間沒有重新唱起過了。

這天，將是她們分別七年後的第一次團聚。下午四點，吳姐蘭和潘婢蘭最先趕到小黃村的侗塔廣場。當年分手後，她們四處求學、打工，對生活的苦樂酸甜都有了更深刻的理解。

這次重逢，她們仿佛又回到了當年的少女時代。晚上，吳鳳香把姐妹們請到自己家裏吃飯，大家喝上家鄉的米酒。吳鳳香說：「我們幾個就邊喝着邊聊着，真是特別開心。想到後天我們又可以在同一個舞台上演唱侗族大歌了，心裏就特別激動。」

「奶奶，您來了？」「是的，孩子們。」

「你們已經到了！」「是的，奶奶。」

侗族歌師潘查銀花，是國家級非物質文化遺產侗族大歌國家級代表性傳承人。侗族沒有自己的文字，大歌的技藝通過口傳心授，一代代流傳至今。

明天就要在侗族大歌節上演出了，潘查銀花要為九姐妹組隊進行輔導。自古侗族大歌的聲部組合原則都是「眾低獨高」，即眾人唱中、低聲部，領唱在高聲部。民國年間成書的《三江縣誌》記載：「侗人唱法尤有效，…… 按組互和，而以喉音佳者唱反音，眾聲低則獨高之，以擬揚其音，殊為動聽。」其中記載的就是大歌的這一特點。

多聲部、無伴奏、無指揮，是侗族大歌的典型藝術特色。歌師潘查銀花把高聲部交給其中兩位姐妹輪流領唱，低聲部和中聲部由其餘姐妹合唱，採用嫻熟的輪流換氣，使低音持續綿延不斷。姐妹們對唱歌也有自己的理解，在她們看來，高聲部像樹枝，聲部間則像樹林中的蟬鳴叫，低音部聲音則像潺潺流水。侗族大歌的厲害之處還在於它可以生動

地模擬大自然中的各種聲響，無論是百鳥和鳴、蟬蟲合唱，還是流水潺潺、林濤聲聲，都在歌聲中可以有所展示。

和諧美，是侗族大歌最突出的藝術特徵，也是侗族大歌的精髓。莊子《齊物論‧天運》篇解釋什麼是「天樂」的時候說：「聽之不聞其聲，視之不見其形，充滿天地，苞裹六極。」這句話用來形容侗族大歌再合適不過。侗族大歌各聲部協調默契，張弛有度，有如行雲流水，表現出侗族人「天人合一」的精神境界。

轉眼迎來了期盼已久的侗族大歌節。在這最隆重的節日裏，一共有來自貴州、廣西、湖南三省區的一百支侗族大歌隊，兩千多位歌手參加，這是侗族歷史上規模最大的一次侗歌表演賽。

侗族民眾之間，流傳着這麼一句俗話：「飯養身，歌養心」，她們把唱歌與吃飯看成是同等重要的事情，所以侗族世代都愛歌、學歌、唱歌。

作為曾經為國爭光的小黃村九姐妹歌隊，這次被特邀來進行侗歌表演。「我們九姐妹又要登台演唱了，還是那首《蟬之歌》，今天，我們還帶着曾經讓我們的侗族大歌走向世界的那份自豪感。」

「大家一起來踩歌堂！」

「敲鑼打鼓圍在篝火旁。」

「……」

作為特邀表演嘉賓，九姐妹的演唱沒有比賽名次。

然而，這並不重要。因為音樂的本意原本也不在於輸贏高下，而在於天地人和，恰如古人所說的「樂者，天地之和也」。

合唱侗族大歌

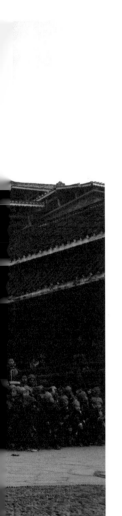

潘查銀花為九姐妹輔導（上）
小黃村九姐妹歌隊（下）

包容共生，
現代都市裏的瑰麗風景
── 海派旗袍

● **地點：**上　海
● **技藝：**國家級非物質文化遺產代表性項目　龍鳳旗袍手工製作技藝
● **人物：**徐永良　國家級非物質文化遺產龍鳳旗袍手工製作技藝國家級代表性傳承人
　　　　　談悠然

　　旗袍，原本是旗人穿着。到了清末民初，旗袍仍然帶有鮮明的京派文化色彩。當時的女士旗袍實際上就是一種外套，強調防寒遮體，寬大平直，裏面要穿長褲，和今天人們所理解的講究腰身曲線的旗袍有很大的區別。

　　今天人們印象中的旗袍形象，大體屬於海派旗袍，是一種文化融合的產物。從一八四〇年上海開埠，開放而追求個性的西方文化與細緻含蓄的江南本土文化結合，形成了兼容並包的海派文化。西式剪裁結構與中式精細零部件裝飾元素的完美結合，造就了「海派旗袍」的獨特風韻。

　　傳統旗袍在十九世紀末的上海發生了巨變：寬大平直變為開衩收腰，女性曲線逐漸展現。這種中西合璧的改良式旗袍兼具東方韻味，又展示女性的嫵媚和個性。到了二十世紀二三十年代，海派旗袍迎來了黃金時代。在上海這個中西文化雜處的大都市裏，無論是時髦的十里洋場女郎，還是各式學堂裏的女學生，都對旗袍鍾愛有加。直到今天，帶着東方美學的旗袍，仍然是上海女人的最愛。

　　旗袍之所以能風行百年以上，就是因它能以不斷變化適應人們的審美和生活需求。旗袍讓上海女性有了別樣的美麗，而上海女性也成為海派旗袍活態傳承的生動演繹。

　　一件好的旗袍，歷經對人體三十六個部位的精準測量，通過繁複的工藝，才得以成就一件經典。這也是龍鳳旗袍製作技藝作為中式傳統服裝製作技藝的代表，於二〇一一年被列入國家級非物質文化遺產名錄的原因。

　　徐永良，國家級非物質文化遺產龍鳳旗袍製作技藝代表性傳承人，也是龍鳳旗袍製作技藝的第三代傳人。

　　海派旗袍從創立至今，經歷了三代傳承人。第一代傳承人朱林清確立了海派旗袍「鑲、嵌、滾、宕、盤、繡」的製作工藝，之後將全部手藝傳給了諸宏生。一九八五年，第三代傳承人徐永良從小跟着父親學做中式服裝，十五歲進入上海龍鳳中式服裝店學做海派旗袍，完整地繼承了海派旗袍的八大工藝，並研製出三百多種花色盤扣。

　　徐永良年輕時開始做旗袍，這一做就是三十多年。從縫紉、繡工、盤扣到量體、打樣，學會製衣的基本功就需要兩三年的時間。更多的老師傅，則是將一生的年華都傾注在旗袍製作上。然而，這項傳統工藝卻面臨着難以為繼的尷尬。

這一天是星期三，徐永良要趕到上海一所職業技術學校，去給學生們上中式服裝課。徐永良最大的心願，就是在他退休之前多帶幾個學生，好好培養出幾個人才。他說這也為非遺項目出點力，這是他應有的責任，必須要這樣做。

此時，二十歲的上海姑娘談悠然正在上學路上。她是徐永良的學生，對中式服裝製作有着濃厚的興趣。在以往的授課中，徐永良已經注意到談悠然在服裝製作方面的天賦，想要重點培養她。

上午八點半，徐永良的授課開始了。

海派旗袍引以為傲的是流傳至今的八大工藝 —— 鑲、嵌、滾、宕、鏤、雕、盤、繡。其中的鏤和雕，是海派旗袍的獨創，在絲絨或其他面料上，旗袍師傅用手工鏤雕出龍鳳、如意、蝙蝠、花卉等圖案，然後貼縫在旗袍的領子、門襟等處，這些繁複的工藝使得旗袍成為一件藝術品。

在裝飾配件上，盤扣堪稱旗袍一絕。這一天徐永良要講的就是如何製作海派旗袍的盤扣。旗袍的特徵為立領、收腰、盤扣和腿部兩側的開衩，而盤扣作為旗袍本身的一件精美裝飾品，品種繁多，採用的圖案多為龍、鳳、孔雀、福、祿、壽、喜等，小巧精緻，設於旗袍領部、襟部，是最見製作者功力的地方。

「同學們，接下來先跟你們說，做旗袍上面的一個盤扣。」徐永良說道，盤扣對製作的力度和精度都有很高的要求，首先要剪出布條，然後兩邊折光，放入細銅絲，做出尺寸，結成紐扣，再盤成花型。

「你手倒是挺巧的。」徐永良拿起談悠然製作的盤扣說道。談悠然從小喜歡手工方面的製作，中國結是她的最愛。她覺得，一個姑娘穿上手工製作的海派旗袍，是最有品質的生活。課後，徐永良開始對談悠然進

行單獨的業務指導，談悠然也從中領略到旗袍製作中的各種講究。

在上海繁華的南京西路上，走過名品華表林立的櫥窗，在陝西北路的拐角，開着一家龍鳳旗袍店，一百多平方米的店面獨具風韻。來試衣的客人不算多，在梧桐樹的映襯下，恍惚看到花樣年華的女子玲瓏有致，搖曳生姿。這便是海派旗袍的魅力，優雅又不失旖旎風情。

「你好。請問徐永良師傅在嗎？」一位來自澳洲的華人顧客來到門市部，指名要找徐永良為她做旗袍。徐永良說，很多人喜歡穿旗袍，是因為旗袍比一般的服裝真要好看多了，能體現人的三圍，女人的婀娜多姿，還有女人的線條美。

然而一件旗袍的製作並非易事，其工藝非常複雜，通常需要幾個師傅相互配合，少則三天，多則數週。其原因在於每件旗袍都是人工一針一線縫製，全手工製作。旗袍製作前的量體裁衣更為精準，需對人體三十六個部位精準測量，除三圍、身高、臂長之外，還包括頸長、頸粗、單肩、雙肩、臂粗等。徐永良為這位顧客量體時，也很講究。他量了二十多個部位，量好以後要把它分成三十六個部位，然後各個側面、肩、臀圍，還要把它分成四分之一前後片。幾經雕琢，才能成就一件經典。

旗袍盛行的時代似乎已經謝幕，但在這個極速前行的現代都市裏，包容共生的旗袍依然是現代都市裏的瑰麗風景。一旦國人開始回歸傳統審美，對民族文化不斷重視，旗袍將迎來新的發展機遇。

一件好的旗袍，是意蘊和剪裁的雙贏，它源於穿着者的氣度涵養，當然也得益於製作者的匠心獨具和苛刻的剪裁。

身體與布料的和諧，人體與藝術的和諧，注定是永恆的追求。海派旗袍的美，也注定是不可替代的風景。

傳承人徐永良（上）
徐永良為學生上課教授旗袍製作（下）

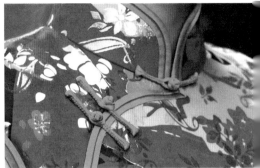

製作盤扣（上）

徐永良和談悠然為顧客量體裁衣（下）

天人相合，草原上神奇的歌聲 —— 呼麥

- **地點**：內蒙古
- **技藝**：國家級非物質文化遺產代表性項目　呼麥
- **人物**：胡格吉勒圖　國家級非物質文化遺產呼麥國家級代表性傳承人
  　　　　吉　嘎

　　長調、馬頭琴、呼麥並稱為「草原文化三寶」，是蒙古族最有代表性的文化形式。呼麥是草原上天人相合的神奇歌聲，它的歷史可以遠溯至匈奴時期。蒙古高原的先民在狩獵和遊牧中虔誠模仿大自然的聲音，他們認為，這是與自然、宇宙有效溝通、和諧相處的重要途徑。由此人體發聲器官的某些潛質得到開發，一人在模仿瀑布、高山、森林、動物的聲音時發出「和聲」，就有了呼麥的雛形。

　　「呼麥」是蒙古國和俄羅斯圖瓦共和國的叫法，在新疆阿爾泰一帶則被稱為「浩林潮爾」。它們有着共同的本質特徵 —— 單人多聲，即一個

人利用嗓音的低音持續聲部產生的泛音，與低音持續聲部形成兩個或以上聲部的多樣化和聲。

胡格吉勒圖是國家級非物質文化遺產呼麥國家級代表性傳承人。

歷史上，呼麥在內蒙古草原曾一度瀕臨滅絕，胡格吉勒圖的心願，就是搶救和保護呼麥這種神奇的歌唱藝術。

幾十年前，在錫林郭勒等地的草原，隨便到哪一個蘇木（鄉）甚至嘎查（村），都可以找到在當地有影響的潮爾歌手（呼麥歌手），在自治區範圍內有影響的著名呼麥歌手也不在少數。然而，隨着時代的快速發展，草原上如今能夠承擔呼麥傳承人重任的歌手已經是鳳毛麟角。

「我要讓更多人了解呼麥。」胡格吉勒圖說。從二〇〇四年起，胡格吉勒圖為了能讓所有喜愛呼麥並想學習呼麥的人得到機會，也為了呼麥真正能得到廣泛的傳承，他開辦了呼麥藝術培訓班。每年九月，胡格吉勒圖都要從工作地呼和浩特回到家鄉錫林浩特，舉辦為期一個月的呼麥藝術培訓班。

多年來，呼麥藝術培訓班的學員大多來自內蒙古，其次為新疆，也曾有從日本專門來學習呼麥的學生。他們主要為在校大學生，並多為學習馬頭琴專業的學生，其次為藝術團體的演員。以內蒙古地區的學員為例，學唱呼麥的學生主要來自內蒙古師範大學體育學院和音樂學院、內蒙古大學藝術學院、內蒙古歌舞團等。

這一天，在錫林浩特市集郵協會工作的吉嘎，正在趕去參加胡格吉勒圖老師的呼麥藝術培訓班。吉嘎說：「第一次聽到呼麥就是從胡格吉勒圖老師這兒聽的，覺得呼麥這東西特別神奇，感覺還神秘，作為蒙古人這個呼麥也應該會。」

在錫林浩特阿巴嘎旗的草原上，胡格吉勒圖和前來參加呼麥培訓班的十五位學員見面了。這期的學員有的是來自歌舞團的歌手，有的是有愛好的牧民，他們都對神奇的呼麥充滿向往。

呼麥從演唱音域上，可劃分為低音呼麥、中音呼麥和高音呼麥。呼麥的歌曲具有很強的隨意性，節奏自由，多為散板，主要歌曲為《四歲的海騮馬》《讚頌滿都拉汗》《呼麥頌》《成吉思汗頌》《天駒》《黑駿馬》等。結合多年的教學經驗，胡格吉勒圖與他的呼麥老師奧都蘇榮和蒙古國民間藝人一起，在低音呼麥、中音呼麥和高音呼麥的基礎之上，歸納總結出了十五種左右的呼麥唱法。

在培訓班的第一課，胡格吉勒圖要教學員們掌握最基礎的「擠壓式」發聲方法。學員們嘗試持續進行 a、o、u 母音的變換，可以用心傾聽自己的聲音變化，從中捕捉到微小的金屬般的泛音。

充沛的丹田氣是「呼麥」發聲的原動力，同時需予以嫻熟的調控，進行必要的阻礙、擠壓進而產生異乎尋常的發聲震動和共鳴。為了提高大家的丹田氣息，胡格吉勒圖有許多獨特的訓練方法，比如讓學員躺在草地上進行發聲訓練。

「呼麥它那個用氣息用得多。位置找見以後，它還能同時出兩個聲音。所以在全世界裏面很多專家說，它是一種聲樂上面的一個奇跡。」胡格吉勒圖說，等發聲方法和氣息運用突破了，這呼麥就好學多了。

一週的培訓過去了。有些學生因為練聲嗓子出現了失聲，有人開始懷疑胡格吉勒圖的教學方法。為此，胡格吉勒圖讓出現失聲的學員暫停練聲一天。

第二天上課時，胡格吉勒圖巧妙地調節他們的口腔共鳴，強化和集

中泛音，結果這幾位學員都唱出了透明清亮、帶有金屬聲的高音聲部。學員的疑惑就此消失了。

「有些人確實是為了學呼麥把嗓子弄壞的也有，他主要原因就是發聲方法的問題。一般的學呼麥，專家們都説得是一千兩百個小時的訓練。」胡格吉勒圖説。一千兩百個小時，堅持每天八到十小時的學習，大約得用四五個月才能熟練掌握呼麥的演唱。

培訓的日程接近尾聲了，呼麥合練點名的時候，胡格吉勒圖發現少了兩個學生。有學員説，這兩人去參加婚禮演出賺錢去了。

「你怎麼了？最後幾天的培訓怎麼也不參加了？為什麼不參加？」胡格吉勒圖打電話詢問兩位缺席的學員，心情有些複雜。

多數人學唱呼麥的心態是出於對呼麥的好奇，對呼麥這種特殊的演唱形式產生了很濃厚的興趣，還有一部分學唱呼麥是為了能找到一份工作，但真正為了去傳承呼麥而學習的並不多。

胡格吉勒圖對於呼麥藝術的傳承很有信心。他大力建議有條件的音樂院校設立呼麥專業，讓學生進行理論與實踐的系統學習，避免「野馬式」拜師學藝的弊端。在竭力保留原生態呼麥的同時，也可以藉助搖滾融入現代元素，比如在俄羅斯聯邦圖瓦共和國就有「搖滾呼麥」，年輕人喜歡才有助於推廣。他還建議中國作曲家可以創作一些中國自己的呼麥曲目，以改變現在多數呼麥歌曲來自蒙古國的現狀，促進呼麥藝術在中國的傳承和發展。

轉眼到了畢業演出排練的日子。這天，出外走穴的兩名學生回來了，胡格吉勒圖心情很不錯。

在草原上他們唱響悠揚的呼麥，一曲完畢，天空、草原、人、歌聲、

琴聲共鳴，共同奏出一個自然的和聲。那是融入大
自然的純淨，那是行走草原牧人的笛音，一聲如
蒼遒，一聲如新生，同起同落，天人合一。

「注意！一、二、三！」

一張合影，宣告着一個月時間的流逝。

曾幾何時，在渾厚的呼麥聲中，成吉思汗的
金戈鐵馬遠征歐亞大陸。將軍的背影已經遠去，
士兵的白骨灰飛煙滅。如今，呼麥依然留存，在
崇尚和平、以和為貴的今天，呼麥不再是對過往
的記憶，更是對未來的期許。

傳承人胡格吉勒圖（上）

胡格吉勒圖和學員合影

胡格吉勒圖為學員教授呼麥唱法

拳理相合，拳從心發
—— 台灣詠春拳

● **地點**：台　灣
● **技藝**：詠春拳
● **人物**：盧文錦

「我的詠春拳師傅叫葉問，他也是我的親舅舅。我有一個小師弟叫李小龍。」舅舅葉問、師弟李小龍，從這些顯赫的名字中可以看出，盧文錦出生在一個非同尋常的武術世家。

一九三三年，盧文錦出生於香港，母親是佛山桑園葉氏長女葉吉，即葉問長姐。葉家的佛山大宅位於福賢路，被稱為「桑園」，葉家大宅共生養了葉問一輩的十男九女。葉問幼時天資聰穎，但體弱多病，佛山詠春拳宗師梁贊的弟子陳華順租用葉家宗祠設館收徒。葉問便拜陳華順為師，學習詠春拳，後來成為一代宗師。

一九四九年，五十七歲的葉問離開佛山赴香港定居。此後二十多年

裏，葉問先後在港九飯店職工總工會、九龍汝州街、李鄭屋村、通菜街等地設館收徒，影響越來越大。

盧文錦在師從葉問之前，曾於十三歲時學蔡李佛拳，蔡李佛拳是一套集多家拳法於一身、攻防兼備、剛柔並濟的武術體系，套路多達一百九十三套。後來，盧文錦正式拜在葉問名下，學習詠春功夫。

「十八歲開始葉問在香港教功夫，我去跟他學，那個時間我們每一天都練得很晚，因為葉問那時只有五六個學生，每天都親自教我們，親自帶我們，怎麼去做，怎麼去打。」

盧文錦跟隨親舅舅葉問學拳，當時的同門有大師兄梁相、二師兄駱耀、徐尚田、陳球、葉小弟招允等人。就在那時，李小龍拜名師葉問學習詠春拳術，當時他們也不曾料想他後來成為名揚世界的「功夫之王」。

一九七一年，葉問成立了「詠春體育會」，集教授、研究、交流詠春拳術為一體，並以此為中心，將詠春的種子傳播至世界。經過二十餘年的苦心經營，葉氏門下高徒輩出，特別是李小龍，憑着非凡的中國功夫揚威世界，為中國功夫帶來了世界聲譽。

受葉問宗師的鼓勵，青年時代的盧文錦後來到台灣發展。盧文錦在台灣進入石牌班第一分班，接受特殊軍事訓練，當時人們稱石牌班是「天子門生」，因為班主任是蔣經國。一九七五年，盧文錦在台灣以少校軍階退役後，便在台北市內湖設館授徒。他除了獲得其舅父葉問的詠春拳嫡傳之外，加上他在軍中學得的擒拿、柔道以及必殺動作，人稱之為「盧文錦詠春」。

一九九〇年，以武功聞名的盧文錦受到時任保安警察第一總隊三線三星的總隊長呂育生賞識，聘請他擔任技訓隊教官，一九九二年又被任

命為維安特勤隊創隊教官。一九九三年，盧文錦到警專任教，為警察撰寫教材《警察應用搏擊術》，並訓練學校教官，為期十八年。在台灣，盧文錦組織成立了「盧文錦詠春總會」，武館的分支機構在德國、美國等地也紛紛創辦，詠春拳因為獨特的技擊方式在世界上廣受歡迎，據不完全統計，世界上有五十多個國家和地區設有詠春拳館，練習詠春拳的學徒人數超過三百多萬。

詠春拳，從冷兵器時代走到今天，在泰拳、散打鼎盛的現代社會仍受到大家的追捧，不可小視它獨有的拳學理念和價值。

盧文錦強調說：「詠春拳是一門自衛、制止侵犯的技術。詠春拳的動作發自內心，詠春拳強調來留去送、甩手直衝、拳從心發，攤手攤手是自然反射。」

詠春拳強調「來留去送、甩手直衝」。

在實際搏鬥中，面對對方擊來的進攻動作，除了進行有效的防守外，最好盡可能將其留住，並利用詠春手法予以控制，此為「來留」。當對方強力攻擊時，則利用手法改變其來力的方向，並施力於對方的肢體，使對方動作向改變後的方向運動，這是「去送」。當對方與自己相接時，突然將相接的手撤去，同時感受對方撤手方向並以最快速度發招衝出，直攻對方距我最近的目標，此為「甩手直衝」。「甩手直衝」難度很大，需要相當長的訓練才可以達到。

詠春拳在接觸時強調一個「攤」字，即有手攤手、無手問手。攤不是碰到，攤是有黏着性的，在接黏時達到自然反射，因此並無許多漂亮的套路名稱，全靠多年的訓練。

盧文錦舉了個簡單例子，談戀愛時首先要有女朋友或男朋友成功製

造感覺，每個人都不一樣，也無法去預估或是用筆墨去畫出來。所以詠春拳的動作變換，沒有一定的程序。如何來，如何做，只能讓動作配合個人生理特質，做出多種不同的動作變換。拳理相合，拳從心發，詠春拳的理論心法需要練習者結合實踐去體悟。不論練就多少套拳，必須透過長時間的黐手，達到自然發揮反射出來的才是活功夫。

詠春拳的根在大陸，它的精髓就是一個「和」字。在兩岸隔絕的時代，現實與拳理的巨大衝突，讓盧文錦痛苦不已。兩岸政局，他只能默默關注。從一九八七年開始，兩岸關係逐漸緩和，盧文錦期盼兩岸和平能夠日久天長。

面對台北拳館裏來自世界各地的學生，盧文錦說：

「你殺了他，你可能會受傷，我不跟你鬥，為什麼跟你鬥。一些小事情休息過去就好。打你打不到，你的氣就消了。我是用這個觀念，灌輸給學生聽，不是說怎麼打怎麼打，沒用。」

詠春文化強調內止懦、外止暴。中國的祖先自古就說止戈為武，習武的目的並不是為了暴力，而恰恰是為了和平。

盧文錦堅信，天下大勢終究會與拳理相和，因為拳理來自中國人最崇尚的「以和為貴」。

台灣詠春拳之父盧文錦（上）
盧文錦與來自世界各地的學生合影（下）

盧文錦在拳館教詠春拳

品 讀 有 感

講好傳承人故事的當代意義

● 周雲磊

　　放眼中國，有這樣一批絕技在身的傳承人分佈在街頭巷尾，堅守着對傳統不變的情懷。隨着社會發展，傳承人獨特的身份和背後的深厚價值日益彰顯。從二〇〇七年六月開始，國家文化部已經公佈了四批國家級非物質文化遺產項目代表性傳承人名單，共計一千九百八十六人，其餘省市各級傳承人更是數以萬計。全社會的廣泛關注讓他們的故事日漸被更多人所熟知。中央電視台大型人文紀錄片《傳承》（第一季），用精湛的視聽語言呈現了五十位傳承人的精彩故事，許多鮮為人知的人物和技藝，成為大眾熱議的話題。而其同名圖書，用圖文並茂的閱讀語言，更深刻地講述了中國古老技藝背後的人文故事和傳承精神。

　　講好傳承人故事，展示傳承人的精彩技藝，足以搭建歷史與現實之橋。口傳心授、言傳身教是許多中國技藝代代相傳的重要特徵，傳承人堪稱是中華文化的活化石。技藝融入生活，是一種直面現實、極富啟迪的生命狀態。在大力倡導美育的今天，藉助傳承人的故事，足以還原中華文化的現場，回歸有質感的生活，發現生活之美。《傳承》（第一季）用最傳統的結構方法，分別用道、金、木、水、火、土、和，來為每一章命名，締造了最集中的視覺元素呈現，將中國最具特色的一批文化遺產，最有魅力的一批傳承人的精彩故事包孕其中。通過此書的呈現，不難發現歷史與現實血脈相連，無法割捨的高度融合。

　　講好傳承人的故事，對促進大眾創業，萬眾創新不無裨益。歷久彌新，關鍵在人，中國是世界上唯一不曾中斷的文明古國，文明血脈傳承不息，靠的就是一代又一代傳承人的身體力行。技藝足以直通遠古，同時也能直面當下。這些絕技在身的傳承人，是精神家園的守護者，秉承祖先綿延千載的智慧，與此同時，作為活在當下的個體，他們也面臨着現實生活的諸多挑戰。因此，「堅守而不保守，傳承也在創新」，是對他們生活狀態的一種概括，也是對傳承人技藝人生的一種提煉。展示傳承人的故事，其意義主題如《傳承》紀錄片片尾字幕所說「向祖先的智慧致敬，向堅守傳統文化的人致敬」，但意義卻不僅於此。在呼喚大眾創業，萬眾創新的時代，傳承人故事的價值在於它讓大眾深刻揭示創新的內涵，創新不是無本之木，無源之流，而應深植於傳統。

　　講好傳承人故事，有助於喚醒傳承熱，促進傳統文化的當代復興。直面經濟全球化的趨勢，在城市化大潮蔓延的中國，如何重新發現傳統，珍視傳統的價值值得每一個人深思。我們從哪裏來，我們如何生活，我們又將向哪裏去，這些問題的答案，需要從中國一個個鮮活的生命中去尋找。傳承人的故事，是講好中國故事的重要內容之一，中國人以怎樣的生活狀態直面世界，直面未來，解決這一問題需要從傳統中尋找答案。傳統是一盞不滅的燈火，也是一泓不腐的流水，更是一種對現實生活的超越和升華。因為傳統，當下與歷史、今天與未來得以緊密關聯為真實可感的整體。

　　講好傳承人故事，對弘揚社會主義核心價值觀，促進中華文化的世界傳播意義深遠。傳承人身上的友善、堅守、執着、探索、創新、勤奮、毅力、靈巧、虔誠，每一個特點背後，都是社會主義核心價值觀的

內涵所在。「海峽兩岸，傳人一脈」，共同的技藝傳承中體現着大陸與台灣在文化上的同根同源。同時，他們有溫度的人生，有故事的生活，對傳播中華文化，塑造中國的世界形象都能發揮積極作用。

講好傳承人故事，是一項值得付出的事業，璀璨華章，絢麗寶藏，期待更多人關注和參與。

時光流逝，詩意留存

● **尹 鴻**

　　中國是一個有五千年以上文明史的古國，在中華民族艱苦卓絕的生存和發展歷程中，形成、積累和延續了豐富的生活經驗和智慧，體現為「各種實踐、表演、表現形式、知識體系和技能及其有關的工具、實物、工藝品和文化場所」。它們作為中華民族生存智慧的載體，為文明的傳承、為人們物質和精神生活的需要做出了巨大的貢獻。

　　隨着現代工業和信息社會的來臨，這些誕生於前現代社會的知識、技能和工具，生存和發展空間逐漸縮小，甚至面臨失傳的危機。為了讓人們不忘歷史文明的足跡，也是為了讓現代生活能夠與歷史根鬚的營養聯接起來，我們已經越來越意識到保護和傳承非物質文化遺產、重新為其注入現代生活活力的迫切性。

　　中國中央電視台推出的以中華非物質文化遺產為題材的大型人文紀錄片《傳承》（第一季），可以說生逢其時。它用影像記錄、探究、對話中國豐富的非物質文化遺產，喚起人們重新體驗、觀看和探究非遺文化的興趣，激發觀眾對這些遺產背後所體現的中華民族的生活智慧、藝術想象、歷史積澱的好奇，為我們快速旋轉的物質生活帶來了一種非物質的文化詩意，並編輯成書，讓讀者深入了解中國傳統而古老的民間技藝。

　　《傳承》（第一季）共七集，內容涉及大陸、台灣的七十多個地方，「上高山、下大海、踏沙漠、進森林、走鄉村、行城市」，拍攝了八十

多位在民間的技藝傳承人。圖書從中精選了近三十多文化傳承人，重點呈現了這些非遺傳承人的技藝和人生，講述他們平凡而神奇的故事。其中，第一章的「道」可以說是提綱挈領的開篇緒論，它從武術、舞蹈等多種中國非物質文化遺產項目中，挖掘了中華民族的世界觀與人生觀。天人合一、道法自然、厚德載物、修身內省的各種傳統哲思，都通過這些非遺傳承人的故事得到了提煉和升華。而隨後的五章，以中國傳統文化中的「五行學說」為框架，分為「金」「木」「水」「火」「土」五個部分，展示了不同材質、不同功能、不同用途、不同特點的中華非物質文化遺產，涉及傳統美術、書法、音樂、舞蹈、戲劇等藝術形式，也涉及傳統技藝、醫藥、各種傳統禮儀節慶等民俗以及體育和遊藝等。涼茶、鑽木取火、呼麥、地戲等非遺項目，都在書中得到了充分的呈現。第七章的「和」作為收官之作，則是全書「九九歸一」的總結，將幾十個非遺傳承人的故事上升到東方哲學的高度。一個「和」字，道出了中國人與自然、家庭、社會、國家、自我心靈之間剛柔相濟、共生共享的生命境界。

《傳承》所傳承的不僅僅是非遺技藝和知識，更是其中所包含的人生哲學和生命智慧。非遺是與民眾生活密切相關、世代相承的傳統文化形式，可以說，它是以人為本的活態文化遺產，它強調的是以人為核心的技藝、經驗、精神，是傳統在歷史長河中的流變。《傳承》對此有自覺的認知。所以，它不是對非遺項目的靜態介紹，而是藉用現實中的非遺傳承人的行動、生活、家庭關係、人生命運，將非遺知識與人物故事結合在一起，塑造了非遺文化中真正的主角：人。遺產因為活在人之中而活在生活中，活在紀錄片中，活在書中。作品通過對他們生活的記錄，對他們的採訪，生動表達了形形色色中國非遺的歷史淵源、遺產價值和

傳承現狀。人們在觀察這些非遺傳承人的生活故事中，感受到了非遺與日常生活之間血肉相連的關係，也感受到了現代生活對文化遺產帶來的衝擊。這種以人傳事的視角，的確為這部紀錄片帶來了強烈的藝術感染力，也呈現出了這本書的歷史深度和文化內涵。

《傳承》有意識地突出了「傳」與「承」的關係。在紀錄片中多次出現兩代人、三代人之間的傳承故事，不僅表現了老一代傳承人對非遺文化的堅守，更表達了年輕人對非遺魅力的認同。《傳承》總導演賀亞莉曾經對媒體表示，在兩年的拍攝中，她自己也不斷被這些技藝所震撼，同時也被這些非遺文化中的家國情懷所感動，這促使她和創作者們「力求通過這部紀錄片揭示成百上千年來中華民族偉大的生存、生產、生活智慧，以及海峽兩岸傳承人積極的人生追求、高尚的思想境界和健康的生活情趣」。所以，雖然在實際生活中，許多非遺文化都面臨現代生活的挑戰，但在紀錄片中，還是用了許多富有象徵性的兩代人薪火相傳的畫面，來表現文明力量的傳遞。

人事有代謝，往來成古今。人類文明就像一條河流，只有不擇細流、不斷歷史，才能生生不息、源遠流長。非遺文化，有着濃濃的文以化人的禮樂作用，大多是在勞動、生活中產生的滿足人的自然需求、社會需求和精神需求的活態文化。隨着人類科技的進步，雖然許多傳統知識和技藝已經退出了當代生活中心，但其中所包含的經驗、智慧、人生哲學、世界觀念，仍然熠熠生輝。隨着時光的流逝和間離，這些曾經與日常生活息息相關的非遺文化反而會具有更強的精神特徵，具有一種審美的魅力，為喧囂的日常生活帶來詩意。

好的紀錄片，要舒服又震撼

● 劉文嘉

　　用七集五十分鐘時長的紀錄片掃描中國龐大的非物質文化遺產，並從中萃取中華文化精神，這不是易事。但央視紀錄片《傳承》（第一季）做到了，並轉化成圖書與讀者見面了。

　　人們跟隨着這部紀錄片完成了一次不同尋常的文化巡禮。面對三十餘項聯合國級別的非物質文化遺產、一千五百餘項國家級非物質遺產，如果僅僅閱讀名錄，那會是一件枯燥的事情。但如果把那些傳承人的情感與故事都細膩地展現出來，如果把日常人生中的跌宕起伏都勾勒出來，如果每一個傳承者的故事都像一個微電影，那麼「觀看」就會變成一種舒適而又震撼、有趣而又鄭重的體驗。

　　人們記住了打破黃泥鼓舞「女人不能打鼓」規矩的瑤族小女孩，藉由她的倔強，一個古老的藝術完成了向現代社會的靠近；人們記住了青海湟中縣製作銀銅器的傳承人，他執意耗時一個月打製一盞酥油佛燈送到寺廟，是樸素的感恩，卻也展現了高原上文化和民族的水乳交融。最令人印象深刻的大概是該紀錄片的結構，以「金」「木」「水」「火」「土」將非物質文化遺產分類為五個單元，以《道》開篇，用《和》收尾，既巧妙地貼合了受眾心理，又將中華文化的境界幾字道出。

　　以小見大的巧妙，也體現在每一集的敍事中。第五集《火》中，集納了海峽兩岸幾項非物質文化遺產：從千年窯火不滅的景德鎮，到台灣

平溪升起的千盞祈福天燈，「火」隱喻了中華智慧、技藝和審美，在傳承人的手中經久不息。以五指山中的鑽木取火開篇，以佛前一盞燈火收尾，敘事形成了一個完整的邏輯閉環，完成了從文明肇始到形而上境界的動態描述。

《傳承》傳遞了中國人的智慧情感，這種感情本就流淌在觀眾的血液裏，但需要以電視語言、藝術語言喚醒。實際上，怎樣把宏大主題用微觀方式（細膩的情感、有衝突的故事）表達出來，一直是主流紀錄片和影視劇都面臨的挑戰。近年來，那些叫好又叫座的紀錄片，比如《習仲勳》《船政學堂》《走進和田》《舌尖上的中國》，無不是以電影般的觀看體驗配以有高度的歷史省思，達到了社會效益和市場好評的雙贏。

在文藝工作座談會的講話中，習近平總書記指出了好作品產生的「訣竅」。在價值觀上，他指出，需要堅持以人民為中心的創作導向，「人民不是抽象的符號，而是一個一個具體的人，有血有肉，有情感，有愛恨，有夢想，也有內心的衝突和掙扎。」以人為旨歸，細膩把握這種情感，正是上述紀錄片佳作的立身之所。在創作方法上，他強調，精品之所以「精」，就在於其思想精深、藝術精湛、製作精良，「凡是傳世之作、千古名篇，必然是篤定恆心、傾注心血的作品。」《船政學堂》耗時兩年打造，《傳承》製作團隊輾轉海峽兩岸七十多個地方、跋涉幾萬里行程的拍攝經歷，已經為這句話添上了鮮活的注解。

讓觀眾和讀者自然地獲得情感上的震撼，實屬不易。但這正標識着今天市場化和國際化的雙重要求下，紀錄片的新高地。

□ 責任編輯：黃　帆
□ 裝幀設計：吳丹娜
□ 排　版：賴艷萍
□ 印　務：劉漢舉

傳承

□
著者
中國中央電視台　編

□
出版
中華書局（香港）有限公司
香港北角英皇道 499 號北角工業大廈一樓 B
電話：(852) 2137 2338　傳真：(852) 2713 8202
電子郵件：info@chunghwabook.com.hk
網址：http://www.chunghwabook.com.hk

□
發行
香港聯合書刊物流有限公司
香港新界大埔汀麗路 36 號
中華商務印刷大廈 3 字樓
電話：(852) 2150 2100　傳真：(852) 2407 3062
電子郵件：info@suplogistics.com.hk

□
印刷
中華商務彩色印刷有限公司
香港大埔汀麗路 36 號中華商務印刷大廈

□
版次
2019 年 3 月初版
© 2019 中華書局（香港）有限公司

□
規格
16 開（235 mm×170 mm）

□
ISBN：978-988-8572-48-9

本書繁體字版由江西美術出版社授權出版。